Louise Senay
Janvier 92

FRANÇOIS J. PAUL-CAVALLIER

VISUALISATION

Des images pour des actes

InterEditions

Du même auteur, chez d'autres éditeurs

Les empreintes du corps. Techniques de la bande plâtrée, Fleurus, Paris, 1986.

Cassettes audio :

Planifier le succès, G2I Diffusion, Paris, 1986.
Réussir aux examens et concours, G2I Diffusion, Paris, 1986.
Libérer son potentiel, G2I Diffusion, Paris, 1986.
Muscler votre mémoire, éditions Didakhè, Paris, 1988.

ISBN 2-7296-0271-2

A Brigitte,
Thomas,
Annia,

Compagnons de route et d'espérance

Sommaire

Avant-propos   9

Portrait de l'Analyse Transactionnelle   13

Première partie
QU'EST-CE QUE LA VISUALISATION ?

1 Comment fonctionnons-nous ?   17
     1. Nos trois dimensions   17
     2. Le besoin d'être aidé   18
     3. Une certaine image du monde   19
     4. Comprendre l'esprit humain   21
     5. ... Avec l'aide de la science   29
     6. L'enfance   37
     7. Que signifie la maladie ?   43
     8. Somatisation et maladie   44

2 Comprendre la visualisation   49
     1. Les techniques de visualisation   49
     2. Des origines à la pratique   52

3 La pratique   63
     1. La cure   63
     Les différentes phases   64
     Les paramètres des modalités de changement ou
     d'évolution   69
     2. La séance de visualisation   73
     Composition d'un exercice   74
     Procédures d'intervention pour une personne somatisante   84

En résumé   97

Deuxième partie
LES EXERCICES

Avertissement   101

Conseils pour faire les exercices   103

Les règles d'or d'un bon programme   105

Inductions visuelles   107

Inductions auditives   111

Inductions kinesthésiques   113

Inductions olfactives et gustatives   123

Temps de reprise   131

Suggestions   133

Les sources   233

Bibliographie générale   237

Avant-propos

C'est une gageure d'écrire un livre destiné aussi bien au public, aux patients qu'aux psychothérapeutes.

Je crois néanmoins cela possible grâce à l'attitude de la psychologie humaniste, et particulièrement de l'Analyse Transactionnelle* qui considère que le patient est en droit de connaître et de s'approprier les outils de son changement.

Nous tenterons donc d'éviter un jargon technique, et resterons le plus près possible du langage courant. L'utilisation fréquente de termes d'Analyse Transactionnelle ne devrait pas poser de problèmes étant donné que celle-ci a justement choisi la plupart de son vocabulaire dans le langage courant.

Nous utiliserons le terme de « sujet » ou de « client » pour désigner la personne qui pratique l'exercice et le terme de « thérapeute » pour désigner celui qui propose l'exercice. Cependant, il n'est pas nécessaire que ce dernier soit psychothérapeute ; il peut s'agir d'un entraîneur sportif, d'un éducateur, d'un médecin.

En effet, ce livre a pour ambition de faire la synthèse des principales techniques de visualisation existantes, mais aussi de différencier des approches qui se ressemblent. Nous proposons ainsi d'apporter une base théorique incitant au développement des recherches dans ce domaine et qui puisse, dans un même temps, permettre à certains praticiens de s'informer. Cette étude sera suivie d'exercices permettant une mise en pratique de cette base théorique.

---

* On trouvera après cet avant-propos un court portrait de l'Analyse Transactionnelle qui en définit le vocabulaire spécifique. Les termes définis dans cet avertissement seront, dans le texte, signalés par un double astérisque.

Cet ouvrage s'adresse donc à tous ceux qui étudient les sciences humaines, et plus particulièrement aux psychothérapeutes en développement personnel, aux soignants et aux soignés, sans oublier les étudiants, les sportifs et tous ceux qui ont choisi d'utiliser au maximum leurs ressources.

En revanche, il ne peut en aucun cas remplacer une formation de praticien, ou même une psychothérapie. Il n'est donc pas destiné à ceux qui cherchent des recettes magiques sans vouloir remettre en cause les origines de leurs problèmes.

En fait, les recherches récentes en matière de fonctionnement cérébral et de processus de pensée révèlent que la plupart d'entre nous n'utilisons qu'une part infime de nos possibilités mentales. C'est dire que la plus grande partie de nos facultés de pensée ou de réussite est inhibée. Un tel gaspillage est principalement dû à la peur — peur d'échouer, peur d'être rejeté, peur de rencontrer à nouveau une situation douloureuse. L'absence de connaissances précises concernant le fonctionnement et la croissance de notre esprit est aussi en cause.

Des techniques de communication, comme la programmation neurolinguistique, ont su utiliser et synthétiser les éléments essentiels d'autres méthodes* afin d'établir les canaux permettant aux êtres de communiquer et d'analyser les processus de perception qui sont à la base de notre appréciation du monde. L'approche de la visualisation fait partie de cet ensemble de concepts issus de la psychologie humaniste et du mouvement du Potentiel Humain.

Empruntons à Marilee Zdenek un conte indien[1] qui illustre bien ce processus de perception.

Il était une fois un jeune guerrier qui prit un œuf dans le nid d'un aigle et le mit à couver dans la basse-cour. Quand l'œuf vint à éclore, le petit aigle sortit et grandit parmi les poussins, picorant sa nourriture comme ses compagnons. Un jour, regardant en l'air, il vit un aigle qui planait au-dessus de lui. Il sentit ses ailes frémir et dit à un des poulets: « Comme j'aimerais en faire autant. »

---

* Notamment l'hypnose clinique ericksonienne.

« Ne sois pas idiot, répondit le poulet, seul un aigle peut voler aussi haut. »

Honteux de son désir, le petit aigle retourna gratter la poussière et il ne remit plus jamais en cause la place qu'il croyait avoir reçue sur cette terre.

Et Marilee Zdenek poursuit : « Imaginez que l'aigle ait refusé de permettre à quelqu'un d'autre de définir son potentiel. Imaginez qu'il ait perçu sa capacité unique et qu'il se soit libéré, qu'il ait ouvert ses ailes puissantes et se soit envolé au-dessus de tous les poulets qui avaient refusé de reconnaître sa vraie puissance et sa réelle identité. Imaginez comme il se sentirait s'il s'était approprié pour la première fois la responsabilité de sa destinée. »

« Faire comme si... » est une étape indispensable avant de devenir ce que nous voulons vraiment être. Ainsi les oisillons piaillent et battent des ailes comme s'ils volaient, avant de sortir du nid. S'ils sautaient immédiatement, ils tomberaient. Il y a une longue période d'apprentissage, de « comme si... », indispensable avant de pouvoir s'envoler. De même l'apprenti-nageur simulera les mouvements, avant de savoir nager. En quelque sorte, « le paraître est sur le chemin de l'être ». Je vous invite donc à apprendre le succès « comme si » vous aviez toutes les compétences nécessaires, « comme si » vous viviez déjà ce succès !

NOTE BIBLIOGRAPHIQUE

1. Marilee Zdenek, *Inventing the Future*, McGraw-Hill, New York, 1987.

Portrait de l'Analyse Transactionnelle

L'Analyse Transactionnelle (A.T.) est l'un des fleurons du mouvement du Potentiel Humain, qui s'est développé aux États-Unis après la Seconde Guerre mondiale. Elle utilise des mots du langage usuel pour décrire la vie et les processus psychologiques que celle-ci met en jeu. Elle a été mise au point par Eric Berne au début des années cinquante. L'Analyse Transactionnelle définit la personnalité à travers le type de relations qu'on établit par les *transactions*.

Pour rester dans le cadre de cet ouvrage, nous nous contenterons d'en esquisser les principales notions de base :

- Tout être est fondamentalement *OK*, même si ses comportements ne le sont pas toujours.
- Chacun a besoin d'un minimum de *signes de reconnaissance* pour survivre, et la vie s'articule autour de l'économie de ces signes. Parmi les signes de reconnaissance positifs, citons les *strokes* (littéralement : caresses).
- Avant l'âge de 6 ans, l'individu met en place un plan de vie que l'on appelle *scénario* ; il est inconscient et dicte à la personne le déroulement de sa vie. Ce scénario peut avoir une fin heureuse ou dramatique, auquel cas on parle d'*Issue Dramatique de Scénario* IDS).
- La description de l'être psychologique se fait à travers les *Etats du Moi* qui sont les instances de la personnalité fonctionnant comme émetteurs et récepteurs des échanges entre les individus, que l'on appelle des transactions.

Chaque Etat du Moi est un ensemble cohérent d'attitudes, de comportements, de sentiments.

• Chaque individu possède un *Parent* (P), un *Adulte* (A), et un *Enfant* (E). Ces termes, lorsqu'ils sont employés dans le cadre de l'Analyse Transactionnelle, s'écrivent toujours avec une majuscule initiale, ce qui permet de les distinguer de leur utilisation courante.

• Chaque individu assume la responsabilité de l'énergie qu'il veut investir dans chacun de ces Etats du Moi.

• L'Etat du Moi Enfant correspond à nos sentiments et à nos émotions, à ce que nous avons vécu pendant notre enfance : l'Enfant en nous ressent ; il a envie de..., il est triste, etc.

• L'Etat du Moi Adulte, que l'on compare souvent à un ordinateur, est une instance de décision qui prend en compte les faits dans le présent. L'Adulte pense, constate, décide.

• L'Etat du Moi Parent correspond à ce que nous avons assimilé des modèles parentaux père, mère, figures hiérarchiques telles que frères ou sœurs aînés, professeurs...). Le Parent juge, attribue des valeurs, commence ses phrases par « Il faut... ». Le Parent peut être *critique* ou *normatif* lorsqu'il fixe des limites et établit des normes, mais aussi *nourricier* lorsqu'il prend en charge les besoins de la personne, sa protection.

PREMIÈRE PARTIE

Qu'est-ce que la visualisation?

1

Comment fonctionnons-nous ?

Avant d'examiner la visualisation et ses origines, nous allons étudier de façon schématique le comportement de l'esprit humain par rapport aux méthodes contemporaines de la psychologie.

Considérons la question de l'anthropologie : « Qu'est-ce que l'homme ? » Que pouvons-nous répondre ?

1. NOS TROIS DIMENSIONS

La nature de l'homme présente trois caractéristiques primordiales :

— En premier lieu, l'homme est un être relationnel. Cette qualité première joue un rôle prépondérant dans tous les aspects de la vie humaine. L'être humain élabore sa personnalité et accomplit sa croissance dans la relation. C'est un être d'appartenance, de communion. Ainsi l'enfant, *in utero*, est-il constamment en relation avec sa mère qui le porte ; la mère est en relation avec son entourage proche, son partenaire, sa famille.

Cette cellule relationnelle de base qu'est la famille est elle-même en rapport avec un environnement plus large au niveau de la ville. La ville se situe en relation avec le pays, le pays avec le continent, le continent avec le monde... Si la relation essentielle de l'homme se développe dans un état de sécurité suffisante, elle sera le moteur et l'outil de la croissance.

— L'homme est également un être de devenir, de croissance. C'est dans la relation qu'il trouve la base de la santé et les sources de croissance, mais aussi les origines de la pathologie. Si la relation principale est distante, envahissante ou pervertie, il s'établira le commencement de ce que l'on nommera plus tard la déviance, la pathologie, la maladie. Une relation saine guérit, une relation pervertie aliène. Le travail thérapeutique va consister à reconstruire l'unité de l'individu, l'image qu'il a de lui, sa relation aux autres..., pour l'aider à grandir.

Nous sommes conçus pour être heureux et en bonne santé, pour grandir et vieillir. La conséquence de la rencontre entre le premier et le second postulat peut se formuler ainsi : « L'homme ne peut être heureux seul. »

— L'homme est un être spirituel. Il entretient une relation privilégiée avec Dieu, une entité spirituelle, ou un état de spiritualité[1].

L'homme est un être tridimensionnel. C'est un être physique, un assemblage de cellules maintenues dans un équilibre cohérent pour se développer, se multiplier. Mais c'est aussi un être psychologique et émotionnel. C'est, enfin, un être spirituel.

Dans ces trois dimensions, il doit vivre pleinement la relation, sinon apparaîtra un déséquilibre, un malaise, une rupture.

2. LE BESOIN D'ÊTRE AIDÉ

Face à l'événement douloureux, la personne dont l'équilibre tridimensionnel sera mal assuré pourra se tourner vers autrui. La compassion, que l'on retrouve dans une bonne écoute thérapeutique, peut en effet guérir l'être souffrant de cette cassure. Il est fréquent d'entendre ce dernier dire au thérapeute : « J'ai simplement besoin de savoir que vous êtes là pour moi, que vous pouvez m'écouter et recevoir mes larmes. »

James Pennebaker a étudié l'effet de la compassion et de la confession sur des individus ayant subi un traumatisme important. Une de ses études porte sur 2 000 personnes ayant subi un traumatisme tel que des violences physiques, le viol ou le décès d'un être cher. Il a démontré que les personnes qui avaient pu se confier à quelqu'un après l'événement étaient en meilleure santé que les autres. Il procéda ensuite à une très intéressante recherche sur les effets de la confession (au sens large), sur le rétablissement de l'équilibre nécessaire à la santé. La confession religieuse aurait donc cette double fonction de rétablir la relation de l'individu avec sa communauté et avec Dieu.

De même sur le plan corporel, nous avons besoin de signes de reconnaissance physique. Dès sa naissance, l'homme a besoin d'être touché, câliné, entouré, regardé. Il a besoin de se sentir important, car dès les premiers jours, l'enfant peut souffrir s'il sent qu'il n'est pas désiré, ou qu'il est source de déception, d'angoisse ou même de dépression. Les travaux de R. Spitz[2] prouvent qu'un enfant qui ne se sent pas stimulé et aimé sombre dans le marasme. En effet, il a besoin de vivre ses émotions avec un être pour qui il compte ; échanger et appartenir lui permettront d'acquérir une valeur à ses propres yeux — s'appuyant sur sa valeur aux yeux des autres.

Enfin, nous avons besoin d'une dimension spirituelle qui nous transcende et donne un sens à notre vie. « Pourquoi suis-je sur terre ? », « Quelle est ma mission ? », telles seront les questions que nous serons amenés à nous poser. Quand surviendront l'épreuve, la brisure, qui accompagnent la perte d'un être cher, d'une situation ou d'un état, nos ressources spirituelles seront sollicitées.

3. UNE CERTAINE IMAGE DU MONDE

L'image que nous nous construisons progressivement du monde est alimentée par les informations que nous percevons avec nos sens. La construction de notre personnalité va se faire autour de notre perception dans la relation. Chaque *stimulus* que nous percevons va engendrer une expérience, un vécu. A travers l'analyse de ce vécu, qu'il soit agréable ou désagréable, nous prenons une décision ; cette décision va engendrer une attitude comportementale qui aura une influence sur les expériences à venir. Généralement, la deuxième expérience confirme la décision prise consécutivement à l'expérience précédente (voir schéma 1).

Ce processus d'accumulation des expériences vécues, confirmées par des décisions, est là pour maintenir la *congruence** entre ce que nous vivons d'une manière interne et ce qui se passe autour de nous. Cette cohérence est nécessaire à l'établissement de la sécurité qui permet le développement de la vie.

Depuis notre naissance et probablement depuis notre conception, nous construisons à la suite de ce processus de stimuli et de décisions, une image du monde qui est unique, qui nous est propre, et nous allons réagir en fonction de cette image. Il est bien évident que si celle-ci est très loin de la réalité, nous allons avoir des difficultés à vivre dans un monde dont nous percevons les éléments d'une manière erronée.

Ainsi notre perception sera-t-elle tributaire de nos attentes, selon que nous nous sentons appartenir au monde qui nous entoure, ou qu'au contraire nous avons le sentiment d'en être exclu. En conséquence, nous interpréterons chaque stimulus comme une invitation ou comme une agression.

Par exemple, supposons que vous vous promeniez dans un

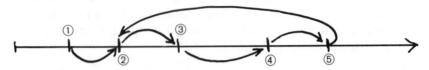

Événement ① qui génère une décision ②, suivi d'un comportement ③ qui provoque un nouvel événement ④ menant à une nouvelle décision ⑤ qui confirme la première.

Schéma 1   Construction de notre cadre de référence

* Congruence : cohérence entre deux niveaux de communication, le plus souvent entre le contenu et le processus de la relation.

jardin public. Un groupe d'adolescents bariolés vous entoure tout à coup et fait une ronde autour de vous en chantant une chanson dont les mots sont incompréhensibles pour vous. Vous pouvez être flatté (« Ils ont vu que j'avais le sens de l'humour »), avoir peur (« C'est une manœuvre pour me voler mon portefeuille »), avoir honte (« Ils se moquent de moi »), être triste (« Ils ne me comprennent pas et ne veulent pas me parler dans une langue que je comprends »). L'interprétation de cette scène vous appartient, et la réponse que vous risquez de donner instantanément sera directement liée aux expériences vécues et reflétera la façon dont vous vous situez dans la vie.

En effet, progressivement, vous avez créé des conditionnements, en acceptant des stimuli positifs, mais aussi des stimuli négatifs, venant des figures parentales, ou des modèles choisis. Chacun a entendu dire : « Tu n'y arriveras pas, tu es idiot, tu n'es pas sorti de l'auberge, tel père tel fils, il nous faudrait une bonne guerre, ah les jeunes !... » et ainsi de suite. Les décisions que nous avons prises en conséquence de ces messages sont souvent inhibitrices, c'est-à-dire qu'elles nous empêchent d'explorer et de vivre complètement nos possibilités, car nous avons tendance à anticiper le futur d'une manière négative. En fait, nous faisons de la visualisation sans le savoir, mais dans le mauvais sens ! C'est le moment de comprendre que toutes nos pensées produisent des résultats et que si nous avons des pensées créatrices, des pensées positives, nous aurons des résultats créateurs et positifs. En revanche, si nos pensées sont négatives, nous aurons des résultats négatifs. Il apparaît donc clairement que nous devons changer notre manière de penser et de voir le monde, si nous voulons obtenir d'autres résultats, plus positifs.

4. COMPRENDRE « L'ESPRIT HUMAIN »

Au début de la Bible, il est dit : « Tel un homme pense, tel il est. » Les lois de la suggestion sont fondées sur la prise de conscience de la qualité de nos pensées, et le but de ce livre et des techniques de visualisation est de permettre à chacun de nous de prendre conscience de ses pensées. En effet, un grand pas est en train de se faire sur le plan culturel ; c'est la prise de conscience d'une évolution dans le domaine de la pensée, avec la découverte de l'influence de l'esprit sur la réalité.

Certaines théories, comme la théorie des deux cerveaux, nous permettent de mieux comprendre le fonctionnement de la psychologie humaine, et de la thérapie par la visualisation. Depuis quelques années, de nombreux chercheurs se sont penchés sur la structuration de la pensée et une hypothèse se développe actuellement selon laquelle notre cerveau est divisé en deux hémisphères, ces hémisphères étant le siège de fonctions différentes.

Sur le plan purement physiologique, nous avons deux lobes cérébraux, d'apparence semblable — l'hémisphère gauche et l'hémisphère droit — communiquant par le centre. Chez l'homme, le système nerveux est relié au cerveau d'une manière croisée, c'est-à-dire que l'hémisphère gauche contrôle le côté droit du corps et l'hémisphère droit le côté gauche. Si, par exemple, vous subissez un traumatisme accidentel sur la partie droite de votre tête, ce sera le côté gauche de votre corps qui sera affecté, et inversement. Sur le plan purement fonctionnel, il apparaît que les fonctions siégeant dans l'hémisphère gauche concernent le raisonnement, c'est-à-dire tout ce qui est rationnel, tenant de la logique, de l'analyse et de la critique. C'est ainsi le siège du langage et de la pensée. Son fonctionnement est digital. Il correspond à l'état de veille au niveau conscient et on peut dire que c'est un hémisphère plutôt actif.

L'hémisphère droit serait plutôt le siège de tout ce qui est irrationnel, intuitif, émotif. Il fonctionne par analogie, par associations d'idées, les images, les symboles, les rêves. Il est le siège de l'intuition et des émotions. C'est l'hémisphère le plus développé chez les artistes. Il correspondrait plutôt à une activité inconsciente. On le définira comme influent — par opposition à actif — c'est-à-dire qu'il influence la partie active.

L'école de pensée californienne dont est issu le mouvement du Potentiel Humain affirme que nous avons en nous deux entités, deux systèmes de pensée : le penseur et le prouveur. Le penseur élabore des plans et des projets en fonction des expériences passées ; le prouveur les réalise en fonction des informations fournies par le penseur. Il serait peut-être plus juste de parler d'influent et d'actif, ou d'inconscient et de conscient. Ce qui nous intéresse ici est de voir comment nous fonctionnons à partir de données et d'informations qui sont stockées dans notre inconscient, donc probablement dans l'hémisphère droit de notre cerveau. Ces informations nous permettent de nous adapter et de traiter les événements qui se présentent en nous référant à ce qui s'est passé autrefois, tout comme un ordinateur qui, pour analyser et résoudre un problème, ira chercher dans sa mémoire des informations préalablement stockées. Le fait de maintenir une croyance plus ou moins consciente dont dépend notre existence, va, à travers le fonctionnement des deux hémisphères, avoir une influence sur la réalité de notre vie. Nous l'avons vu, les expériences d'échec stockées dans l'hémisphère droit, en termes d'émotions négatives, refoulées et inconscientes, vont influencer les ordres donnés à l'hémisphère gauche actif, qui va réaliser la mise en place consciente de l'action.

Prenons le cas d'un enfant qui échoue au cours de sa scolarité et dont les professeurs et les parents, au lieu de dire : « Tu t'es trompé, regarde comme tu peux faire différemment, tu es intelligent, recommence », lui disent : « Tu es idiot, tu ne réfléchis pas, tu n'arriveras jamais à rien. » Si cet enfant accepte la suggestion négative, il va avoir une perception de lui-même dévalorisée, perdante. Et, à un moment donné, il décidera d'une manière permanente « Quels que soient les efforts que je fais, je n'y arrive pas, je ne peux pas m'en sortir, je ne réussis pas. » Ce sentiment d'échec va influencer son comportement, car afin de répondre aux futures expériences, il mettra en place un ensemble de comportements qui lui permettront de confirmer ce sentiment et de maintenir *l'homéostasie**.

Ce qui nous amène à une loi, appelée en français l'effet Pygmalion[3] et que les Anglo-Saxons appellent *self-fulfilling prophecy*, la loi de la réalisation automatique des prédictions, selon laquelle lorsque l'on fait une prédiction sur le futur, on a tendance à se comporter de manière compatible avec la réalisation de cette prédiction. Une partie de nous a besoin de confirmer les « croyances » que nous avons quant à notre vie, les autres, le monde, afin de maintenir la cohérence sans laquelle notre vie basculerait dans le chaos. Un changement nécessite un démantèlement de cet équilibre pour trouver une nouvelle *homéostasie*. On peut aussi formuler une loi, en parlant d'un principe du 100 % de cause à effet, selon laquelle « ce que nous avons dans la vie est ce que nous nous destinons, et ce que nous n'avons pas, ce que nous nous refusons ».

Envisageons le cas d'une personne (voir schéma 2) qui formule une demande de changement: « Les résultats que

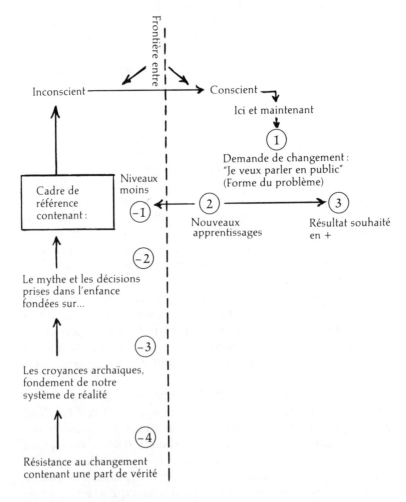

Schéma 2 Le processus de changement

j'obtiens de la vie ne me conviennent pas, guérissez-moi, aidez-moi à changer. » Cette personne présente son symptôme et donne la forme de son problème. Cela peut être un symptôme physique ou un comportement d'échec répété. Nous pouvons traiter le symptôme en proposant de nouveaux comportements à l'aide de nouveaux apprentissages. Il est probable que nous aurons des résultats immédiats, mais peu durables ; très vite, le processus d'échec se remettra en place parce que la cause originelle de l'échec n'aura pas été traitée.

Prenons maintenant l'exemple d'une personne ayant des difficultés à s'exprimer en public ①; nous pouvons lui indiquer des techniques d'expression verbale ② afin d'améliorer ses performances, mais très vite nous découvrirons que ce n'est ni suffisant ni durable. Les racines existentielles du problème sont ancrées plus profondément. Si nous voulons obtenir un véritable changement, nous devons aller examiner ce qui est stocké et refoulé dans l'inconscient de l'être. Là, nous découvrirons que cette personne a probablement subi un traumatisme de l'expression ou que, dans sa famille, « les enfants ne parlaient pas devant les adultes », « les enfants ne parlaient pas à table », « les enfants on les voit, on ne les entend pas ».

La réparation va devoir se faire à plusieurs niveaux. Il sera nécessaire de franchir la barrière de l'inconscient pour explorer le matériel refoulé dans le cadre de références (−1), qui se trouve réactivé chaque fois que la personne est placée en situation de parler en public. Nous découvrirons les « croyances » que le sujet a élaborées sur lui-même (voir schéma 2, niveau ③). Nous devons donc examiner ce qui se trouve dans ce cadre de références, dans cette collection d'expériences emmagasinées depuis la naissance. Quand nous commençons à l'explorer (niveaux ①, ②, ③), nous y trouvons nos croyances, nos mythes, nos décisions de vie, nos promesses, nos illusions et toutes les informations collectées au travers de notre vie latente. 99 % de cette collection d'expériences sont inconscients et pourtant, ils contribuent constamment à faire de nous ce que nous sommes, à ce que nous sentons ou ne sentons pas, à ce que nous pensons ou ne pensons pas, à ce que nous décidons ou évitons, et surtout décident du choix des personnes que nous rencontrons et avec qui nous nous lions dans la vie.

Plus nous prenons conscience du contenu de notre « cadre de références », plus nous avons de prise sur la réalité de notre vie. Quand nous disons « je me connais bien », c'est une illusion. Notre cadre de références est, ou devient notre réalité. C'est-à-dire que nos croyances deviennent notre réalité, et nous avons tous différentes réalités. Pourtant, nous pensons que nous sommes semblables et égaux et nous regardons les autres en considérant qu'ils voient le monde comme nous. Les personnes qui veulent changer, quels que soient leurs problèmes, ont une démarche saine. Elles désirent explorer leur cadre de références, (leur réalité), afin de découvrir ce qui en elles fait qu'elles n'obtiennent pas de la vie ce qu'elles en attendent. Cette réalité contient toujours une part de vérité, car la décision prise dans l'enfance et qui pose aujourd'hui un problème, avait alors sa raison d'être. C'était souvent la meilleure solution possible afin d'éviter un danger ou un inconfort encore plus grand. On ne peut donc considérer cela comme pathologique.

Dans le cas de quelqu'un qui est incapable de dire « non » et qui considère qu'il passe toujours « après les autres », le problème exprimé est le symptôme apparent, visible, la partie émergée de l'iceberg. Dans la partie immergée, nous allons probablement découvrir une expérience enfantine où aura été prise la décision qui correspond à ce symptôme. Le petit enfant est pendu aux jupes de sa mère alors qu'elle épluche les pommes de terre avant le repas. Il demande à être pris dans les bras. Sa mère lui répond : « Pas maintenant. » L'enfant reste avec ce besoin de tendresse et le « pas maintenant » ne satisfait pas ce besoin. Alors, il crie, il hurle, exige et sa mère lui répond à nouveau : « Pas maintenant, tu vois bien que j'épluche les pommes de terre. Ce que tu peux être ennuyeux ! Tu es un vilain garçon. » Éventuellement, elle le punit parce qu'il pleure. Le sentiment ressenti par l'enfant à ce moment-là peut être du type « Je suis moins important que les pommes de terre » ou « Ce que fait maman est plus important que ce que je ressens. » Ce qui paraît démesuré aujourd'hui contenait à l'époque une part de vérité : la préparation du repas était effectivement plus importante pour la mère que les besoins de l'enfant. La décision de l'enfant tenait compte d'une certaine réalité et lui permettait de maintenir l'équilibre. C'est pour

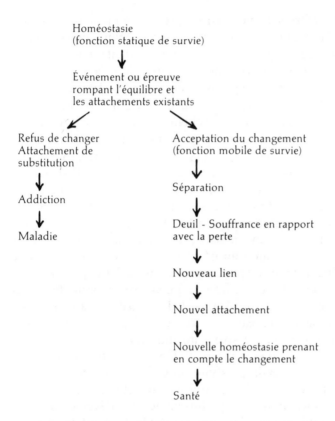

Schéma 3 Le processus du deuil (schéma inspiré par « Attachment Theory », séminaire de George Kohlrieser, 1987).

cette raison que la personne résistera au changement. Elle sait au fond d'elle-même que si elle renonce totalement à son ancienne décision, elle risque d'en être punie. Ce qui était vrai autrefois, ne l'est plus obligatoirement aujourd'hui.

L'expression humoristique « Seuls les bébés mouillés aiment le changement »[4] illustre combien, malgré l'inconfort, il est difficile pour nous de changer parce que nous nous cramponnons à cette dernière parcelle de vérité. Nous avons besoin de désapprendre des comportements obsolètes, afin d'en apprendre de nouveaux sans être sûrs qu'ils nous donneront satisfaction.

Grâce à la visualisation, nous allons pouvoir explorer notre cadre de références, nous allons prendre un peu de recul afin de choisir ce que nous voulons garder et ce que nous voulons changer. Beaucoup de nos problèmes résident dans notre peur de ce que nous ne connaissons pas. Nous avons peur de progresser, peur d'expérimenter de nouveaux comportements. Nous avons tous besoin d'attachements, mais nous n'acceptons pas que ces attachements ne soient pas permanents, aussi nous cramponnons-nous à des comportements archaïques engrangés au cours de notre enfance. A un moment ou à un autre, il sera pourtant nécessaire d'en faire le deuil afin de passer à l'étape suivante (voir schéma 3).

L'acceptation du changement et du deuil est, en effet, le seul processus qui nous permette d'avancer dans cette croissance qui fait qu'un vieillard, au sortir de sa vie, est plus conscient qu'un nouveau-né à sa naissance. Il est vrai que toute séparation passe par un processus de deuil qui consiste à vivre et à accepter la souffrance qui va avec la perte de l'objet (voir schéma 3). Selon Teilhard de Chardin[5], la conscience existerait déjà au niveau des êtres unicellulaires ; il parle alors de bio-conscience. Le spermatozoïde doit mourir pour permettre à l'ovule d'être fécondé et pourtant, il n'avait qu'un seul objectif : aller le plus vite possible en direction de cette cellule. L'ovule va devoir quitter son état de graine pour devenir un fœtus vivant, qui lui-même va se développer en un fœtus amphibie jusqu'au jour où l'enfant vivant *in utero* va avoir à « mourir » de cet état utérin pour vivre à l'air libre. Ainsi, à chaque étape, la prise de responsabilité va aller croissante, et à chaque étape de deuil, il va y avoir une augmentation de la conscience et la perte d'un degré de liberté et/ou de symbiose. *In utero*, l'enfant était nourri, logé, sans rien avoir à demander. A l'air libre, il va devoir pleurer quand il aura faim, et devra progressivement manifester toutes ses demandes afin de recevoir ce dont il aura besoin.

La plupart des problèmes que nous rencontrons sont liés à des attachements et à des séparations que nous n'acceptons pas de faire. A travers le processus de visualisation, nous allons reprendre contact avec ces attachements et nous allons pouvoir trier ceux que nous voulons garder et ceux auxquels nous devons renoncer.

5. ... AVEC L'AIDE DE LA SCIENCE

Parmi les nouvelles découvertes dans le domaine de la pensée, les travaux du physicien David Bohm ont permis au neurophysicien Karl Pribram de développer le concept de *la pensée holographique.*

Un hologramme est une image en trois dimensions analysée à travers la lumière cohérente du laser. Or, il se trouve que la façon dont est ordonné un hologramme est directement liée au fonctionnement de notre pensée et à notre description et notre perception du monde. L'image reproduite par l'hologramme est en trois dimensions, ce qui veut dire que selon l'angle où nous nous plaçons dans l'espace, nous avons une vision différente d'une même réalité qu'est l'hologramme lui-même. L'aspect le plus révolutionnaire dans le concept de l'hologramme est que n'importe quelle partie de l'hologramme peut restituer l'image complète. Admettons que vous ayez un hologramme représentant un cheval dans un champ. Vous pouvez, selon votre angle de vision dans l'espace, voir le cheval de face ou d'en haut, par derrière ou même par dessous. Imaginez que vous pouvez découper le coin du film holographique à l'endroit où est représenté le pied du cheval. Cette partie ainsi prélevée et séparée de l'ensemble, peut à elle seule restituer l'image complète du cheval dans la prairie, elle aussi en trois dimensions. Ce qui est démontré par ce phénomène, c'est que chaque partie de l'hologramme contient l'ensemble des informations de l'hologramme tout entier.

Cette règle: « La partie contient l'ensemble des informations de l'ensemble dont elle fait partie » peut être transposée dans tous les domaines observables de la vie. Ceci a une importance considérable, car si la partie contient le tout, alors le tout que nous percevons peut être aussi considéré comme une partie d'un autre « tout », encore plus grand. Karl Pribram a poursuivi son observation en affirmant que le cerveau est un hologramme qui interprète un univers holographique[6]. Il est aisé de percevoir que les théories de Pribram révolutionnent par leur simplicité et leur cohérence tout ce que l'esprit humain peut considérer.

La richesse de ces théories a d'ailleurs amené le monde

scientifique et matérialiste à une immense et envoûtante question : qui regarde notre hologramme et l'hologramme universel ? Un chercheur, Lashley, entraînait des animaux de laboratoire puis endommageait sélectivement des portions de leur cerveau en cherchant à exciser le siège de leur apprentissage. L'ablation des parties du cerveau diminua leurs performances, mais il fut impossible d'obtenir l'éradication de ce qu'on leur avait enseigné, et on trouve là une nouvelle illustration de cette théorie.

Nous pouvons considérer notre corps comme un hologramme, chaque cellule de notre corps contenant l'ensemble des informations sur notre vécu antérieur. Si une partie de notre corps est malade, qu'en est-il du tout ? Si la partie contient le tout, le tout est dans la partie en termes d'informations. Si l'homme est la partie, en l'observant on peut voir le monde ; en regardant le monde, l'univers, en regardant l'univers... le cosmos. Si nous choisissons l'exploration par la réduction, nous pouvons considérer que l'homme étant un tout, il nous sera possible de comprendre comment la cellule est reliée à l'homme tout entier, comment la cellule est en relation holographique avec le schéma psychologique de la personne et son schéma psychologique en relation avec son schéma spirituel. Si nous appliquons cette théorie quand nous rencontrons un problème, nous pouvons donc espérer que celui-ci contient ses propres solutions.

D'autres recherches scientifiques nous apportent de très intéressantes bases de réflexion.

Les travaux de James Lynch[7] ont établi un lien direct entre la communication entre les êtres et les maladies cardiovasculaires, montrant que l'hypertension est un véritable « cri du cœur » qui exprime une souffrance que le malade ne sait exprimer autrement et qu'il garde secrètement cachée. Ainsi, grâce à un matériel électronique sophistiqué, permettant de mesurer la tension pendant que le patient parle, il a pu découvrir ce que le stéthoscope ne pouvait révéler, en obligeant le patient au silence : la tension artérielle monte lorsque le sujet parle et baisse lorsqu'il écoute. Lorsque la personne essaye de s'exprimer, elle ressent l'impression d'être incomprise ou d'être coupée de l'autre, et dans une tentative ultime, le cœur exprime sa souffrance à travers l'hypertension. En écoutant et en faisant un travail psychothérapeutique avec ses patients, James Lynch a, le plus souvent, découvert une blessure émotionnelle ou spirituelle profondément enfouie au cœur de l'être. Pour l'aider à guérir, il faut lui permettre d'en parler afin qu'il fasse la reliaison*, et se sente à nouveau membre de la communauté. C'est la réconciliation avec lui-même, avec les autres, avec son entourage, avec son corps, qui aboutit souvent au niveau spirituel. Ce travail de recherches scientifiques est probablement une des découvertes les plus significatives de ces dix dernières années en matière de psychosomatique de l'hypertension ; il trouve sa place dans l'ensemble de l'approche humaniste qui considère l'être global, et dans la structure de la pensée holographique.

L'apparition de technologies sophistiquées comme l'électro-encéphalogramme a permis d'autres découvertes. En effet, cette technique permet de mesurer les changements qui se produisent dans notre cerveau à différents moments de notre vie. C'est de cette possibilité qu'est née la notion d'ondes cérébrales. Plusieurs millénaires avant cette invention, les hommes connaissaient intuitivement ces variations et savaient les induire, mais ils n'avaient aucun moyen de les mesurer.

Notre cerveau est composé de milliards de neurones qui produisent des signaux électriques (influx nerveux) transmis par les synapses. Chaque neurone est en rapport avec plusieurs milliers d'autres neurones, son activité est continuellement modifiée par celle de ses partenaires.

Il est aujourd'hui possible de mesurer le potentiel électrique émis, chiffré en micro-volts, ainsi que la fréquence chiffrée en cycles par seconde. On peut donc évaluer les variations de cycles et de fréquences selon les différents états de conscience. Il est possible de repérer les zones de perméabilité optimum et les zones d'imperméabilité relatives.

Les deux états extrêmes de la conscience sont d'une part l'hyper-vigilance, un état où tous les sens sont en éveil, prêts à réagir, d'autre part l'inconscience, tel le cas d'une personne dont les fonctions vitales seraient réduites au minimum de survie, comme le coma profond.

La *théorie des ondes cérébrales* (voir schéma 4) dénomme *zone*

---

* Faire la reliaison : lier à nouveau ce qui a été séparé.

Bêta l'état de veille. Dans cette zone, la fréquence varie de 14 à 32 cycles par seconde, et chaque impulsion a un potentiel qui varie entre 10 et 50 micro-volts ; plus la fréquence est grande, plus le voltage est faible. Cet état de conscience correspond à notre vie active à l'état de veille, dans une situation normale.

Dès que nous relâchons notre attention, nous nous rapprochons de la partie la plus basse de la zone, là où la fréquence est faible et le potentiel élevé. Il va suffir de fermer les yeux pendant quelques instants pour passer, progressivement, à la zone suivante, la zone dite *Alpha*. Dans cette zone, la fréquence passe de 14 à 8 cycles par seconde et le potentiel avoisine 100 micro-volts. Les ondes Alpha ont été découvertes par Hans Berger en 1924. Cette zone est la frontière entre la veille et le sommeil. C'est elle que nous recherchons lorsque nous nous mettons en état de relaxation. Il nous reste encore suffisamment de conscience pour être réceptif aux suggestions, entendre les voix et pour que sur notre inconscient

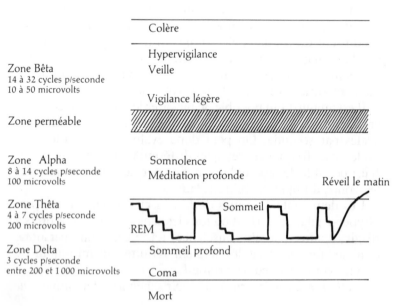

Schéma 4 Les ondes cérébrales

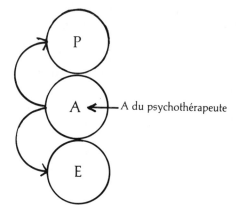

A du psychothérapeute

TRANSACTION SIMPLE
De A du psychothérapeute à A du client répercutée et intégrée dans le P et le E du client. Niveau Bêta, état de veille.

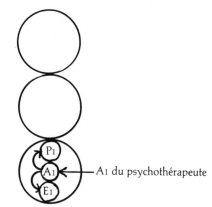

A1 du psychothérapeute

TRANSACTION MÉTAPHORIQUE DU 1er DEGRÉ
De A1 du psychothérapeute vers A1 du client, répercutée par analogie dans P1 et E1. Niveau Alpha, état subliminal, ou émotionnel.

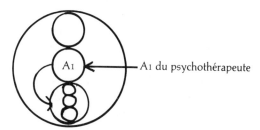

A1 du psychothérapeute

TRANSACTION MÉTAPHORIQUE DU 2e DEGRÉ
De A1 du psychothérapeute à A1 du client qui répercute vers Ao, Po, Eo. L'analogie est existentielle au niveau le plus archaïque. Niveau Thêta, état émotionnel intense, transe hypnotique.

Schéma 5 Les différents types de transactions

s'impriment les messages reçus. La zone Alpha est la zone créatrice par excellence. C'est dans cette zone que l'on peut transférer un matériel inconscient vers la conscience, et réciproquement. Nous la traversons deux fois par jour au moins : au réveil le matin et en nous endormant le soir. Certaines personnes, les artistes en particulier, ont une capacité particulière à « se mettre en Alpha ». Cela correspond à ce qu'on appelle l'inspiration. Les enfants également, qui construisent mentalement leur vie future, passent un temps beaucoup plus grand en Alpha que les adultes.

A la limite extrême de la zone Alpha se trouve la *zone Thêta*, qui correspond à un état de méditation profonde, de rêve, à la transe hypnotique et au sommeil. Dans cette zone, la fréquence passe de 7 à 4 cycles par seconde et le potentiel monte jusqu'à 200 micro-volts. C'est dans cette zone que s'élabore notre matériel inconscient ; c'est aussi là que siège le sommeil paradoxal, avec les phases de REM (*Rapid Eye Movement* : mouvement rapide des yeux). Dans les couches les plus profondes de la zone Thêta, nous vivons un sommeil très profond, très lourd.

La zone suivante est la *zone Delta*. Le nombre de cycles y est de 3 par seconde environ, et le potentiel varie entre 200 et 1 000 micro-volts. Les yogis, par exemple, atteignent naturellement cette zone. Toutes les fonctions y sont ralenties : la respiration est minime, les rythmes cardiaques très lents ; c'est en quelque sorte une vie végétative. Dans sa forme pathologique, la zone Delta correspond au coma.

Pour donner une image simple, l'état de veille (zone Bêta) correspond à un orchestre symphonique dont chaque musicien jouerait sa partition sans tenir compte des consignes du chef d'orchestre ; l'état de méditation ou de concentration (Alpha ou Thêta) correspondrait au même orchestre, mais jouant en mesure et ensemble de façon harmonieuse.

Lorsque notre organisme subit un choc ou un traumatisme, il se réfugie automatiquement, pour se régénérer, dans les zones profondes. C'est là que les processus de survie trouvent de nouvelles ressources. Lors d'un accident grave, on s'évanouit ou on entre dans le coma. On se met immédiatement dans un processus d'économie de ressources, et ainsi on préserve ce qu'il reste encore de vie. Les enfants sont presque perpétuellement en zone Alpha: en effet, l'enfance est la période de la vie où le corps est engagé dans une gigantesque multiplication cellulaire. L'hypothèse selon laquelle les ondes Alpha et Thêta seraient génératrices de croissance cellulaire reste à prouver scientifiquement, mais elle mérite toute notre attention.

On a récemment découvert que le nouveau-né et le mourant se trouvaient dans le même état de conscience Alpha: cela signifierait-il que cet état est nécessaire aux processus de passage? La question reste pour le moment sans réponse, mais nous pouvons d'ores et déjà observer les résultats bénéfiques des états modifiés de conscience.

De nombreuses recherches ont démontré la nécessité vitale du sommeil, mais surtout du rêve. Des expériences ont été faites qui consistaient à réveiller immédiatement le sujet dès que l'on observait qu'il entrait dans une phase de rêve, pour l'empêcher de rêver. Au bout de quelques jours d'un tel traitement, le sujet devient très irritable. Si l'on continue, il finit par se mettre à rêver instantanément, même les yeux ouverts. Si l'expérience se prolongeait, il est probable qu'il deviendrait fou et mourrait. Ceci confirme que c'est bien dans ces zones de conscience que s'élabore l'essentiel de nos ressources vitales.

Nous savons que notre cerveau se met au rythme des fréquences qui l'entourent. Ainsi, dans les cassettes de relaxation, le rythme de la voix va induire progressivement l'état Alpha, voire Thêta. Si nous écoutons une musique d'un rythme lent et modulé, tel du chant grégorien, il sera possible d'entrer en zone Alpha tout en restant actif. En revanche, si nous écoutons de la musique très rythmée, du rock par exemple, il sera difficile de conserver une concentration suffisante pour penser clairement.

Plus nous subissons de stimulations extérieures, plus nous devons être vigilants. Si nous aménageons notre espace de manière à subir le minimum de stimuli, nous augmentons notre concentration. Vous avez certainement remarqué comment certaines personnes agitées parviennent à communiquer leur état dès qu'elles entrent dans une pièce; d'autres, au contraire, induisent le calme et la sérénité.

Ces découvertes passionnantes, qui ne sont probablement

que les premiers pas vers une meilleure connaissance du fonctionnement de notre cerveau, nous fournissent d'ores et déjà matière à persévérer dans la voie de la thérapie par la visualisation.

D'autres schémas de fonctionnement sont apparus :

La transaction métaphorique a toujours existé : elle consiste à parler d'une chose en en évoquant une autre, afin de jeter sur la réalité un nouvel éclairage. Ce type de communication se déroule le plus souvent au plan inconscient (voir schéma 5).

Par exemple, imaginons un groupe de travail. Un des membres du groupe parle du froid qu'il ressent à cause de la température de la pièce. Aussitôt, une autre personne enchaîne sur le manque de chaleur dans sa relation à sa mère. Le langage symbolique est la communication métaphorique par excellence. La notion de transaction métaphorique est très présente dans l'œuvre de Milton Erickson, et particulièrement dans *Advanced Techniques of Hypnosis and Therapy*.

La symbolisation est directement liée à la transaction métaphorique. Le symbole synthétise des concepts et des idées qui au premier abord n'ont rien à voir les uns avec les autres. La symbolisation est donc le processus charnière entre le conscient et l'inconscient.

Par exemple, l'objectif d'une personne isolée, solitaire, est d'entrer en communication avec les autres. Elle ne voit pas de solution. Au cours de l'exercice, on va l'inviter à concevoir un symbole qui correspond à son état de solitude. Imaginons qu'elle se voit entourée d'un haut mur qui la sépare des autres. Dans le même exercice, on l'incitera à concevoir des symboles qui représenteront la solution à son problème. Peut-être verra-t-elle une brèche dans le mur, un arbre qui lui permettra de franchir le mur...

La transformation de la fonction des symboles influera sur les comportements réels.

6. L'ENFANCE

Théoriquement, la pensée humaine se structure dès la naissance, mais en fait nous pourrions dire qu'il y a une structuration de la pensée commençant *in utero*, où le fœtus reçoit des informations émotionnelles qui sont traduites sous forme de décharges hormonales telle l'adrénaline. Si la mère est en colère, vit un certain stress, elle produit et décharge dans son sang de l'adrénaline, son enfant va en prendre une certaine dose qu'il associera avec les informations reçues de l'extérieur en termes de sons, éventuellement de lumière, de chocs physiques, ou de sensations kinesthésiques. Cette substance va provoquer des contractions et des tensions corporelles. Il ne comprend pas très bien le sens de ce qui se passe, mais il essaie, quand il entend des sons similaires, de se préparer à la prochaine décharge à travers un processus de conditionnement *in utero*. Il tente d'éviter de revivre cet inconfort. Ce conditionnement se renforcera au fur et à mesure que l'enfant grandira, et cette accumulation d'expériences générera des décisions qui mèneront à de nouvelles expériences confirmant les précédentes. C'est une des formes de la structuration de la pensée par l'apprentissage. Une autre forme consiste à faire des essais et à se tromper. C'est l'essai/erreur : nous essayons quelque chose et nous regardons si le résultat est satisfaisant. S'il ne l'est pas, nous recommençons autrement. Nous constatons que nos perceptions contribuent à notre formation. Le mot in-former signifie d'ailleurs « se former dedans, se former soi-même » et c'est par l'information que nous structurons notre pensée. C'est une espèce de chaîne, dont le point zéro est une expérience qui génère une décision, générant elle-même un comportement qui générera à son tour une autre expérience qui confirmera la décision. Et ainsi, la vie va être faite d'une accumulation d'expériences semblables à un empilage de pièces de monnaie. Si une des expériences se trouve un peu décalée (voir schéma 6), la pile va commencer à pencher jusqu'au point où l'équilibre ne sera plus maintenu et où la pile va s'écrouler. Nous tombons souvent du côté où nous penchons le plus. Lors-

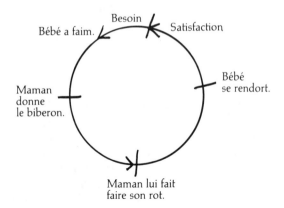

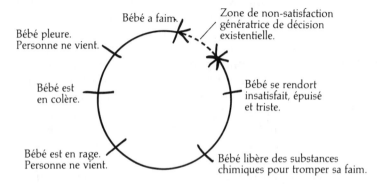

Schéma 6   En haut : boucle de besoin-satisfaction « close ». En
bas : boucle de besoin-satisfaction « réclamant clôture ».

qu'une demande est satisfaite, ou trouve une réponse satisfaisante, elle est classée et nous pouvons passer à l'étape
suivante. En revanche, si la réponse n'est pas satisfaisante, la
demande sera constamment renouvelée afin d'obtenir la clôture du cycle de demande/satisfaction — la *gestalt*.★[8]
   Prenons l'exemple d'un bébé qui pleure parce qu'il a faim,
et dont la mère ne vient pas, pour quelque raison que ce soit.
Le nourrisson se met en colère et sa mère ne vient toujours
pas. Il passe de la colère à la rage, fait une espèce de crise de

---

   ★ Le terme « gestalt » est utilisé ici pour désigner un ensemble d'éléments formant une boucle complète, de la demande à la satisfaction.

nerfs. S'il n'y a toujours pas de réponse à son appel, le corps de l'enfant va libérer des substances chimiques qui vont tromper sa faim et lui permettre de se rendormir, réaction provoquée afin de maintenir la vie et gérer la situation.

Mais il se rendormira insatisfait, et si cela se reproduit fréquemment, il finira par se dire : « Quand j'ai faim, je ne suis pas satisfait » ou « On ne s'occupe pas de moi quand j'en ai besoin ; alors je vais me débrouiller tout seul. Je ne demanderai plus rien, cela ne sert à rien de demander. » Plus tard, cela va générer des comportements qui feront que sa demande sera tellement vaste qu'elle ne pourra être satisfaite, ce qui renforcera la décision. Il risque d'exiger ou de prendre sans demander, et son entourage réagira en lui reprochant de n'être jamais satisfait et de trop demander ; encore une fois, cela confirmera sa décision : « Dans la vie, mieux vaut me débrouiller seul, puisque je ne suis pas satisfait lorsque je demande. »

Il semble que la maladie prenne ses racines au tout début de la vie, peut-être même lors de la gestation. Paradoxalement, la maladie est probablement un mécanisme de survie, et quand la maladie mène à la mort, c'est que le mécanisme de survie n'a pas fonctionné à temps et que le processus va trop loin. Nous savons aussi, grâce aux différentes recherches en néonatalogie, que l'enfant qui vient de naître sent ce qui se passe autour de lui et est irradié par les sentiments et les émotions qui l'entourent.

Jean Vanier (philosophe et théologien, fondateur de l'association L'Arche) au IXe Congrès International de la Famille en 1986, disait : « Pour grandir, l'enfant a besoin d'un amour qui n'est pas possessif mais libérant, d'un amour qui l'amène à une croissance, pour qu'il puisse accomplir sa mission. » Un enfant qui n'est pas désiré, qui n'arrive pas au bon moment ou qui n'est pas tel qu'on l'attendait, va prendre des décisions ou des options qui correspondent au sentiment de culpabilité, de déchirure ou de rejet qu'il éprouve. De même, si les parents sont en conflit, l'enfant, plongé dans l'insécurité, prendra très tôt la responsabilité de sa vie, nous dirons même de sa survie. Le travail de recherche du Cancer Councelling and Research Center, dirigé par les Simonton[9], a montré qu'entre 0 et 5 ans, la plupart des cancéreux avaient subi une perte importante, un deuil qu'ils n'avaient pu complètement assumer, que l'on appelle la perte de « l'objet d'amour »[10].

En fait, dans les 18 à 36 mois qui suivent la naissance, période pendant laquelle l'enfant établit ses liens d'attachement avec sa mère et va progressivement vers une forme d'autonomie, il peut se produire une rupture prématurée du lien. Les raisons les plus fréquentes sont la reprise de la vie professionnelle de la mère et la naissance d'un autre enfant. Si la mère n'est pas suffisamment disponible pour gérer cette crise où se mêlent la peur d'être délaissé, la colère et la jalousie, l'enfant va prendre des décisions qui seront réactivées plus tard lorsqu'il aura à assumer d'autres deuils. La première décision qui pourra être du genre : « Je ne dois pas montrer ma colère si je veux être aimé », peut devenir « Je dois prendre soin des besoins de l'autre avant de prendre soin de moi ». Bien sûr, ces décisions sont totalement inconscientes, mais c'est le début du processus qui aboutira à la maladie (voir schéma 7).

Si la mère n'est pas suffisamment soutenue par le père, ou son entourage, elle devra repousser l'enfant et lui demander d'attendre, afin de pouvoir faire face elle-même à ses besoins. Il arrivera un moment où elle dira à l'enfant : « Je ne peux pas m'occuper de toi pour le moment, je suis fatiguée »... ou « Je

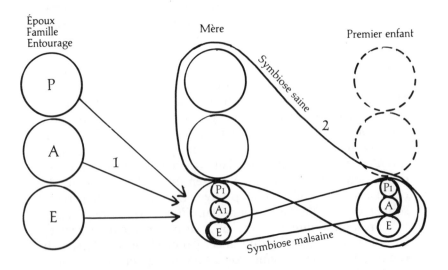

1. Si l'entourage ne soutient pas suffisamment l'E de la mère,
2. Ce sera sa progéniture qui la prendra en charge.

Schéma 7 Symbioses saine et malsaine

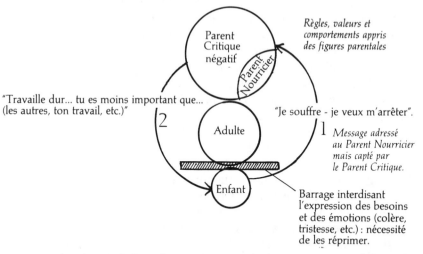

L'État du Moi Enfant adresse un message de détresse au Parent : il demande protection. Il reçoit en retour une injonction du type : "Tes besoins sont moins importants que ceux des autres, tais-toi et continue."

Schéma 8 Dialogue interne du somatisant

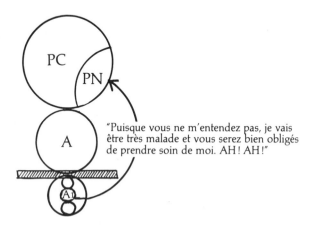

Schéma 9 Dialogue interne du somatisant (résultat)

m'occupe du nouveau bébé ». La symbiose saine dans laquelle vivait l'enfant va être brusquement interrompue, et il va mettre en place un processus réactif afin de survivre. Pour commencer, il boudera ou jouera d'une façon à la fois frénétique et absente afin d'éviter de sentir sa colère vis-à-vis de sa mère. Si cela n'est pas suffisant, il passera à l'agitation jusqu'à ce que l'on s'occupe de lui (avec un câlin ou une fessée). Si son manque de signes de reconnaissance n'est toujours pas satisfait, il pourra se blesser plus ou moins sévèrement ou tomber malade, afin qu'enfin on s'occupe de lui — sa mère ou l'hôpital (voir schémas 8 et 9).

Au fur et à mesure que l'enfant grandit, il va développer d'une manière excessive la partie normative de sa personnalité, que l'on appelle le Parent Critique. Il prendra l'habitude de faire des demandes qui ne pourront être satisfaites et qui se trouveront renforcées par les rejets du père et de la mère. Ainsi, le Parent Critique va être hypertrophié et le Parent Nourricier qui doit prendre soin des besoins de l'« État du Moi Enfant » va être atrophié. Cette situation va engendrer de nouveaux rejets, que l'enfant continuera de porter en lui, et dont, un jour, il se souviendra. Ainsi, lorsqu'au cours de la vie se présente un deuil, une perte importante, la réaction au stress a un effet régressif. Nous entrons alors en contact avec les situations similaires rencontrées depuis notre naissance. Une perte, même légère, peut réactiver tout le système d'accumulation de deuils non résolus. Le déroulement de ce processus est la conséquence d'une impasse. L'individu pourrait, au fur et à mesure, décharger les émotions liées aux épreuves qu'il rencontre, mais il choisit de ne pas le faire et de réprimer ses émotions, le plus souvent par peur du rejet ou de l'abandon. Soit j'exprime mes vrais besoins, je montre ma colère, je suis authentique au risque d'être rejeté ; soit je réprime mes émotions, je suis « aimé », mais je nie ma vraie nature. C'est cette impasse qui est dangereuse : être soi-même au risque d'être seul ou se nier pour maintenir la relation. Dans la phase de négation de ses besoins, l'individu en colère, dont les besoins ne sont pas satisfaits, n'arrive pas à se faire entendre du Parent Critique introjecté*. La partie

* Introjection : phénomène psychologique d'approbation des caractéristiques d'un modèle incorporé dans la personnalité du sujet.

créative de l'enfant finit par dire au Parent Critique :
« Puisque tu ne veux pas m'entendre, tu vas voir ! Je vais être
malade et tu seras bien obligé de prendre soin de moi. »

7. QUE SIGNIFIE LA MALADIE ?

Être malade pour avoir la permission d'être soi-même !
C'est en ce sens que l'on peut dire que le symptôme et la
maladie ont un aspect positif. Le déclenchement du symptôme est enfin la partie émergente d'une impasse très profonde, qui, en apparaissant, permet de révéler le problème à
traiter. Cependant, la personne a méconnu pendant de si
nombreuses années ses vrais besoins pour maintenir la relation à la « mère » fantasmée, elle a connu tellement de
souffrances et de colères, que lorsqu'apparaîtra le symptôme,
la maladie sera si grave qu'elle mettra sa vie en danger. Pour
Claude Bernard, « les maladies planent constamment au-
dessus de nos têtes, leurs graines portées par le vent, mais elles
ne s'installent pas si le terrain n'est pas prêt à les recevoir ».

Bien que le microbe puisse être l'une des causes essentielles
de la maladie, il ne suffit pas à la provoquer ; c'est le chaînon le
plus faible du système qui craque en premier. C'est-à-dire que
c'est la partie symbolique du corps qui va exprimer ce que
l'individu n'a pa su exprimer autrement. C'est souvent le cas
du cancer du sein survenant chez des femmes dont le rôle
maternel a été interrompu par le départ des enfants pour
l'université ou simplement leur plus grande autonomie.

Il peut aussi se produire que l'enfant, dans un processus
inconscient, mette en place un programme de santé tellement
copié sur l'une des figures parentales selon son sexe, que plus
tard, il développera un symptôme similaire à celui du parent.
Il est parfois frappant de remarquer les similitudes qui
existent entre les maladies d'une génération à l'autre. C'est
souvent le même organe qui est touché, du même côté, au
même âge et au même moment de la vie. La tentation est
grande d'attribuer tout cela à l'hérédité et de le vivre comme
une fatalité. Les facteurs héréditaires existent, mais le schéma
psychologique de fonctionnement a aussi sa place. Il se peut
que l'enfant ait décidé d'avoir un jour, « la même maladie que

son père ou sa mère », dans un processus d'identification symbolique !

On remarque d'autre part chez les patients atteints de maladie incurable, leur côté « suicidaire ». Si l'on ne peut parler de suicidaires actifs, il s'agit néanmoins de sujets dont la passivité est un comportement de non-résolution du problème. Au cours de la thérapie, il apparaît souvent qu'ils ont souhaité mourir, se sont sentis sans espoir, et ont envisagé la mort comme unique solution.

8. SOMATISATION ET MALADIE

Si nous arrêtons le fonctionnement d'un des éléments de notre être, l'ensemble s'arrête. Nous existons à travers un ensemble indivisible de *psyche* et de *soma*. Tout ce qui se passe dans notre corps a une influence sur notre esprit et nos émotions. Quand nous souffrons, quand nous avons peur, quand nous sommes stressés ou angoissés, nous avons le trac, cela altère notre pensée.

De même, quand nous nous relaxons, nous nous détendons, notre corps ressent des sensations agréables, notre esprit est apaisé. Chaque émotion vécue a une répercussion sur notre système biologique, sur notre respiration, sur notre rythme cardiaque, sur la production d'hormones par exemple. Un des facteurs contrôlables, dans cette relation psycho-somatique corps/esprit, est notre attitude face à la vie. Ce n'est pas ce que nous vivons qui est important mais plutôt la façon dont nous le vivons. Chacun a dû, lors de sa naissance, se séparer du corps maternel, puis a vécu une enfance plus ou moins agréable dont il a dû sortir pour entrer dans un âge adulte où il a eu à faire face à la responsabilité. Nous avons tous eu à faire le deuil d'êtres chers et si cela ne s'est pas encore passé, cela arrivera inévitablement. Le fait que certains restent en bonne santé alors que d'autres tombent malades, ne s'explique pas par le contenu de leur vie, mais par leur attitude face à ces épreuves.

C'est ce qu'affirme le psychiatre autrichien Victor Frankl[11] dans sa « logothérapie » (la thérapie par la recherche de la raison de vivre, du sens de la vie). Frankl nous dit, à la suite de l'observation qu'il a faite en étant interné dans un camp de concentration par les nazis, que seuls peuvent survivre ceux qui arrivent à donner un sens à leur souffrance, à leur malaise et à leur épreuve. Ceux qui les subissent sans y trouver un sens ne survivent pas. C'est ainsi qu'il a découvert que beaucoup de dépressions actuelles étaient des dépressions noogènes, c'est-à-dire sans origine organique et dues à la perte du sens. Quel est le sens de ma vie ? Qui suis-je ? Pourquoi ai-je à faire face à ces épreuves ? Telles sont les questions auxquelles nous avons à répondre pour pouvoir survivre harmonieusement.

Carl et Stéphanie Simonton, après d'autres chercheurs américains tel Lawrence Le Shan[12], ont découvert qu'un deuil important, une perte, précédaient souvent le diagnostic de cancer chez leurs patients. Comme si la personne n'avait pas su faire face à l'effet intense du stress et que la seule solution qu'elle trouvait était de renoncer à la vie. Les techniques de visualisation vont permettre d'intervenir dans ce processus. Chaque attachement implique une séparation, et à ce moment-là, il sera nécessaire d'accepter la souffrance qui accompagne la perte de l'objet de l'amour. Si nous refusons de vivre cette souffrance en ne rentrant pas dans le deuil, en la niant, nous ne pourrons pas créer de nouveaux attachements nécessaires à notre survie. Nous passerons alors dans un processus où, n'étant plus attaché, « n'appartenant plus », nous dériverons et risquerons d'entrer dans un processus de somatisation[13]. Les blessures et les traumatismes non traités vont se trouver tout à coup réactivés.

La relation psychosomatique de l'être est en passe d'être acceptée de tous. Il reste pourtant quelques « diplodocus » en voie de disparition qui se cramponnent encore à une conception purement causale de la santé et de la maladie. Comme si, pour avoir la « santé garantie », il suffisait de vivre à un certain niveau de confort et de ne pas rencontrer de microbes ! Le monde occidental est de loin le plus protégé, le plus confortable ; la majeure partie de la population mange plus qu'à sa faim. Et pourtant, nous avons pléthore de maladies de toutes sortes, les hôpitaux sont pleins, les laboratoires pharmaceutiques se portent plutôt bien. Alors, d'où vient cette relation somatique ? Les médecins et les soignants sont constamment en contact avec de nombreux microbes et nous voyons qu'ils meurent le plus souvent d'accidents cardio-vasculaires et de cancers et non des maladies contagieuses qu'ils soignent.

En fait, la maladie, qu'elle soit infectieuse ou cancéreuse, a besoin, pour se développer, que le terrain de l'hôte s'y prête, c'est-à-dire que son système de défense interne, son système immunitaire soit suffisamment déprimé ou affaibli pour ne pas identifier l'agresseur et ne pas répondre à l'attaque extérieure. Le processus de maladie est un processus multifactoriel : l'agresseur (l'agent cancérigène, le microbe, le virus), le facteur génétique et héréditaire, les conditions de vie en général, le stress et l'attitude psychologique. Nous savons que lorsqu'un être est dans un état dépressif, tout son organisme subit, par le biais de son système immunitaire, cette dépression. La maladie, et par symétrie la santé, dépendent de plusieurs facteurs pour exister et s'installer. Nous pouvons agir sur notre style de vie ou notre alimentation, mais il serait irréaliste d'espérer établir un contrôle rigoureux sur d'autres éléments (la rencontre d'agents pathogènes, microbes, virus). En revanche, nous pouvons choisir notre attitude mentale, notre état psychique, nous pouvons développer une philosophie de l'harmonie, un art de vivre fait d'acceptations. Cette démarche nous permettra de donner une juste réponse au stress et aux épreuves. Nous pourrons ainsi stimuler notre désir de vivre et notre système immunitaire. Le stress, c'est l'usure produite par le processus d'adaptation aux événements et aux changements qui se présentent à nous. Quand notre esprit est plein de décisions contradictoires, il peut arriver que nous rencontrions des épreuves qui nous mettront dans de telles impasses que la seule issue possible sera de générer inconsciemment un symptôme. La maladie agira comme un signal d'alarme, pour tenter de sortir de l'impasse, même si, paradoxalement, cette maladie met tout l'édifice en danger. Le processus va se dérouler le plus souvent à travers le système immunitaire, qui sera le premier à obéir au sentiment d'impuissance ou de des-espoir (fin de l'espoir) par un arrêt des défenses de l'organisme. A quoi bon défendre un corps dont le propriétaire ne souhaite plus vivre !

NOTES BIBLIOGRAPHIQUES

1. Sur ce sujet, voir Victor Frankl, *Le Dieu inconscient*, Le Centurion, Paris, 1975 et Gérard Leroy, *Dieu est un droit de l'homme*, Le Cerf, Paris, 1988.

2. R. Spitz, « Hospitalism : Genesis of Psychiatric Conditions in Early Childhood », 1945.

3. Sur l'effet Pygmalion, voir R.-A. Rosenthal et L. Jacobson, *Pygmalion à l'école*, Casterman, Paris, 1971.

4. Voir Roger von Oech, *Ne restez pas assis sur le meilleur de vous-même*, InterEditions, Paris, 1987.

5. Teilhard de Chardin, *La place de l'homme dans la nature*, Albin Michel, Paris, 1956.

6. Voir Marilyn Ferguson, *Les enfants du Verseau*, Calmann-Lévy, Paris, 1981.

7. James Lynch, *Le cœur et son langage*, InterEditions, Paris, 1987.

8. Fritz Perls, *Ma Gestalt thérapie*, Tchou, Paris, 1976.

9. Carl et Stéphanie Simonton, respectivement cancérologue radiothérapeute et psychothérapeute, ont été parmi les premiers à mettre en forme les techniques de visualisation dans le traitement du cancer.

10. François J. Paul-Cavallier, « Le somatisant et la perte de l'objet d'amour », *Le Quotidien du Médecin* n° 3309.

11. Victor Frankl, *Man's search for meaning*, Washington Square Press, New York, 1975.

12. C. et S. Simonton, *Guérir envers et contre tout*, EPI, Paris, 1982. Lawrence Le Shan, *Vous pouvez lutter pour votre vie*, Robert Laffont, Paris, 1982.

13. Cette approche est développée par George Kohlrieser.

2

Comprendre la visualisation

1. LES TECHNIQUES DE VISUALISATION

A l'aide des techniques de visualisation et de relaxation, nous allons pouvoir collecter des informations et prendre conscience du matériel stocké dans notre subconscient. Nous pourrons éventuellement intervenir afin de modifier le contenu de ce subconscient, en agissant non pas sur les faits mais sur le vécu des faits. Un transfert du matériel inconscient vers le conscient se produit déjà dans les rêves. Nous provoquons ce transfert dans ce que l'on nomme les états modifiés de conscience comme la transe hypnotique, la relaxation profonde, les méditations alpha.

Les fonctions rationnelles et critiques du cerveau gauche vont être mises volontairement de côté afin de recevoir des informations stockées dans l'hémisphère droit, d'autant que l'hémisphère gauche est aussi le siège de toutes nos défenses et de toutes nos protections actives. Pendant ce temps, c'est l'hémisphère gauche et l'esprit rationnel du thérapeute qui prennent le relais. Pour que cette alchimie que constituent l'alimentation, la transformation et l'utilisation des ressources en provenance de l'hémisphère droit et transférées à l'hémisphère gauche puisse se faire, il est nécessaire de se retirer de l'agitation du mental, de prendre du recul et d'être capable d'intégrer, dans notre pensée consciente, les éléments émergents. Ainsi allons-nous progressivement prendre conscience de notre ancienne « programmation » posant problème ; il sera alors possible, étape par étape, de « se déprogrammer », de « désapprendre » ce que nous avions appris. Alors seulement pourrons-nous nous « reprogrammer » d'une façon plus appropriée, en imprégnant notre subconscient d'un sentiment de réussite et de confiance. Malgré les connaissances actuelles en neurologie, nous savons peu de choses sur les processus de formation de la pensée et de somatisation. Freud disait que le symptôme prenait la place de l'objet refoulé, c'est dire que quelque part le corps exprime le malaise profond du subconscient. Or si le corps peut exprimer un conflit à travers un symptôme, il doit pouvoir exprimer la santé aussi.

La santé est la capacité de vivre en perpétuelle mutation et de s'adapter, tout en sachant qu'un jour nous mourrons. Nous avons vu précédemment que le stress est dû à l'usure produite par le processus d'adaptation aux événements et aux changements qui se présentent. Si nous avons des difficultés pour changer et pour progresser, nous avançons comme une voiture qui roulerait sur l'autoroute le frein à main serré. Le moteur va chauffer et il faudra appuyer sur l'accélérateur pour maintenir la vitesse ; la consommation de carburant augmentera alors que l'efficacité sera réduite.

Il faudra bien, à un moment donné, prendre conscience du problème. Voilà pourquoi le symptôme et la maladie sont des indicateurs tout à fait utiles ; ils nous indiquent que quelque chose ne va pas bien, un peu comme le voyant du tableau de bord d'une voiture qui signale une défaillance. Grâce au symptôme nous pourrons identifier le problème à traiter afin d'éviter la « cassure ». Si le stress et le refus de changer aboutissent à la somatisation et à la maladie, nous allons mettre en place un changement harmonieux en entrant dans une démarche d'acceptation. Le processus de somatisation sera ainsi inversé d'une manière positive, et nous pourrons somatiser la santé. Puisque nous comprenons l'élaboration du symptôme qui se tourne vers la maladie, nous avons les moyens de développer la santé en acceptant nos limites et la réalité d'une croissance qui aboutira indubitablement à la mort. Accepter ce « vieillissement » progressif nous permettra de diminuer considérablement le stress chronique en ne gardant que le stress ponctuel dû aux épreuves. La chronicité du stress aboutit à une situation émotionnelle se transformant en un sentiment d'impuissance : « N'ayant rien à espérer de bon, si demain est aussi douloureux qu'hier, je ne veux pas aller de l'avant. » Il nous manque cette espérance pour aborder dynamiquement le lendemain, ce qui agit directement sur notre système immunitaire. Par le biais de la relation holographique, le système immunitaire va envoyer des messages à l'ensemble de ses cellules : « Cela ne vaut pas la peine d'exister — arrêtez la vigilance. » Le désir de vie s'arrête et la réponse cohérente de notre inconscient va être de tomber malade afin de tenter de rétablir l'équilibre. Cela peut paraître paradoxal mais, dans notre mémoire, nous nous souvenons qu'étant enfant, quand tout allait mal, « Maman prenait soin de nous ». En tombant malade, nous pensons rétablir l'homéostasie par rapport à nos besoins, car nous serons pris en charge par l'institution médicale ou nos proches, comme nous le serions par une bonne mère.

Si la santé est la capacité de vivre en perpétuelle mutation et de s'adapter, cela nous dit combien il est nécessaire de ne pas laisser non résolus des problématiques ou des traumatismes archaïques. La vie humaine oscille entre deux pôles énergétiques dont l'un serait l'abondance, la profusion, l'amour, la confiance tels que peut les vivre un enfant qui attend tout de ses parents ; et l'autre, à l'opposé de l'amour, le manque, la peur, la pénurie. Selon notre place entre ces deux pôles, nous serons ou non heureux, malades ou en bonne santé. Il serait irréaliste de dire que certaines personnes, « ayant la baraka », ne rencontrent jamais d'épreuves ; en revanche nous voyons beaucoup d'êtres qui, comme par « hasard » cumulent les épreuves et les catastrophes. Nous pouvons étudier ce schéma en parallèle avec la théorie du scénario développée en Analyse Transactionnelle. Pour Éric Berne, le fondateur de l'Analyse Transactionnelle, il existe trois types de comportement : le gagnant, le non-gagnant et le perdant ; chacun se situe sur une ligne qui va de l'abondance au manque. Il est certes plus facile d'accepter une épreuve si l'on a confiance en l'avenir. En revanche, si nous pensons que demain sera pire qu'aujourd'hui, il y a de fortes chances pour qu'il en soit effectivement ainsi.

La différence entre un gagnant et un perdant est que le gagnant perd beaucoup plus souvent que le perdant ! Un gagnant conçoit un projet et tente de le réaliser ; s'il échoue, il décidera que la prochaine fois il essayera autrement. Il fera un nouvel essai, et, s'il échoue de nouveau, tirera la leçon de son échec et continuera d'essayer d'une manière encore différente. Le perdant aura plutôt tendance à ne tenter la réalisation de son projet que s'il est sûr de gagner. Si, pour des raisons d'évaluation ou de perception, il échoue, il décidera que plus jamais il ne tentera l'expérience ; il restera sur son échec. C'est ce sentiment d'impuissance qui le fera glisser vers le pôle de la pénurie et du manque.

Si la situation ne se modifie pas, la personne se réfugiera dans la maladie, alors que, dans une dimension d'abondance, celui qui pense que tout est possible à un certain niveau est de toute façon préparé à faire le deuil, à accepter les changements de sa vie. Il va pouvoir relativiser les épreuves qu'il rencontrera, les vivre plus positivement, et grâce à une alchimie assez extraordinaire, transformer ces épreuves et les éléments négatifs en éléments importants de la construction de sa vie.

Afin de pouvoir nous situer dans cette dimension « d'abondance », nous devons retracer les différentes étapes qui nous permettront de comprendre ce qu'est vraiment la visualisation et quelles sont ses origines.

2. DES ORIGINES A LA PRATIQUE

La visualisation est un processus de réactivation des expériences sensorielles et émotionnelles permettant de mettre les ressources accumulées au service des projets futurs. Il agit comme une projection cinématographique des « films du passé » sur l'anticipation des actes futurs. Évidemment, cette projection a une influence non seulement sur l'attente du futur, mais aussi sur la réalisation du projet. Nous faisons de la visualisation sans le savoir, comme Monsieur Jourdain quand il faisait de la prose. Malheureusement, nous projetons parfois des films d'échec plutôt que de succès sur le futur, et nous obtenons des résultats négatifs ou médiocres alors que raisonnablement ils auraient pu être bons. C'est pourquoi il faut agir sur les « films » de notre passé en pratiquant un exercice de visualisation. En fait, le terme de « sensorialisation » conviendrait peut-être mieux, en ce sens qu'il ne s'agit pas seulement de « visuel », mais de la réactivation des perceptions préalablement rencontrées. A un autre niveau nous pourrions aussi parler de « symbolisation », les souvenirs et les concepts étant le plus souvent archivés dans la mémoire sous forme d'images symboliques et métaphoriques.

Certaines personnes ont des canaux de perception privilégiés. Certaines sont « visuelles » et conçoivent plus facilement leurs projets sous forme d'images ; d'autres sont « auditives » et ont plutôt tendance à s'entendre agir ou parler et à se souvenir des sons ; d'autres encore sont plus kinesthésiques, c'est-à-dire orientées vers les sensations tactiles ou olfactives. Bien entendu, il faudra tenir compte, dans l'activation des souvenirs archaïques, des différents canaux de communication sensorielle.

Si par exemple nous demandons à un visuel : « Comment l'entendez-vous ? », il devra traduire une image en sons. Nous savons que les images mentales contiennent des émotions. Celles-ci produisent dans notre organisme des substances chimiques et des hormones qui vont influencer directement nos perceptions, notre vécu corporel et nos cellules. Les techniques de visualisation ont des origines multiples : on les trouve en Orient avec des pratiques comme le yoga et le zen, en Occident avec la prière contemplative. Dès l'âge de pierre, les hommes allaient inscrire dans le « ventre » de la terre les visions de leurs chasses futures, comme une répétition avant la chasse réelle. Avant tout acte, nous créons une image anticipée de l'acte que nous allons accomplir en utilisant les informations des expériences sensorielles vécues dans le passé. Le sentiment de réussite ou d'échec que nous ressentons au moment de cette visualisation sera déterminant pour le résultat de l'acte que nous envisageons. Ainsi, un coureur bien entraîné, s'élançant vers l'obstacle à franchir avec le sentiment qu'il va échouer, inhibera une partie importante de ses capacités et par là même augmentera ses risques d'échec. En revanche, s'il prend le temps de se sentir courir vers l'obstacle (percevant ses foulées fermes et constantes, franchissant l'obstacle avec succès, éprouvant toutes les sensations liées à l'effort afin de ressentir la joie du succès), alors enfin, il libérera tous ses potentiels disponibles afin de les mettre au service de son succès. Nous l'avons vu précédemment : la loi de réalisation automatique des prédictions stipule : « Lorsque nous faisons des prédictions, nous avons tendance à nous comporter de façon compatible avec leur réalisation. »

Dans un premier temps, nous allons — avec la visualisation — réactiver l'expérience d'un vécu sensoriel et émotionnel passé et simplement amplifier les sensations positives de manière qu'elles deviennent dominantes. Quand nous rencontrerons des traumatismes, nous pourrons faire un travail de deuil lié à l'acceptation de la perte. Nous fermerons des « boucles réclamant clôture », puis, progressivement, nous utiliserons et nous projetterons un vécu sensoriel positif sur l'anticipation des actes futurs de manière à nourrir nos projets d'une énergie positive.

L'approche des techniques de visualisation tient plus de l'accompagnement que des procédures d'intervention directives. En ce sens, le matériel utilisé pour permettre au sujet de progresser dans sa croissance, appartient déjà au sujet. Le matériel symbolique qui va être utilisé à la suite des réactivations d'un vécu sensoriel et émotionnel ancien, appartient aussi au sujet, il n'est pas imposé par le thérapeute. La thérapie par la visualisation va consister à proposer des voies et des options, à apporter la protection nécessaire afin que la personne accepte d'aller explorer son passé. Le thérapeute utilisera le matériel symbolique découvert afin de le restituer « positivé » au sujet. Nous pouvons comparer cet « échange » à la métaphore de la bouteille à moitié vide, ou à moitié pleine : le sujet peut l'avoir vécu à moitié vide, le thérapeute lui fera prendre conscience de la symétrie des deux moitiés, et de la possibilité de percevoir la bouteille comme à moitié pleine. Cela peut sembler simpliste, mais c'est véritablement le point de bascule entre un vécu d'abondance par rapport à un vécu de pénurie.

C'est en ce sens que le thérapeute accompagne le patient, il n'a pas de projet pour lui. Nous pouvons ici comparer le thérapeute à un guide de montagne, qui évaluerait les moyens logistiques permettant à son client d'atteindre la destination qu'il s'est fixée. Quand « l'excursion » commence, le thérapeute propose des voies possibles ; celles-ci sont parfois nombreuses, parfois limitées. Le thérapeute connaît le terrain, mais il doit savoir aussi lire la carte. Le client, quant à lui, devra fournir l'effort nécessaire afin d'atteindre le sommet. On ne peut faire cela à sa place, mais on peut l'accompagner.

Le processus de visualisation fait partie de notre processus de croissance et d'acquisition de nouveaux apprentissages. Nous nous préparons à vivre une nouvelle expérience en projetant sur le futur certaines expériences passées. Ainsi la prière peut-elle être considérée comme un processus de visualisation ; la personne immobilise son corps, choisit une posture, fait le calme à l'intérieur d'elle-même et entre en relation avec une entité qui la transcende. Une fois qu'elle s'est focalisée, centrée sur elle-même, elle projette sa demande, son message, sa prière. De nombreuses musiques religieuses incitent à cet état de perméabilité que nous recherchons dans les techniques de visualisation et qui permettent d'entrer en relation avec les éléments refoulés dans notre subconscient. Un autre aspect de la prière peut être aussi son effet curatif. « La prière peut être envisagée comme un processus de relaxation et comme initiation à l'imagerie mentale positive et auto-guérissante pouvant peut-être renverser un grand nombre de schémas mentaux et physiques négatifs profondément enracinés[1]. »

En fait, on a commencé à prendre conscience de l'existence du processus de visualisation avec le développement des techniques de suggestion, et notamment l'hypnose. De nombreux textes relatant les recherches de ces dernières années font apparaître l'importance de la notion de suggestion. « La suggestion est un processus par lequel une ou plusieurs personnes en amènent d'autres à modifier, sans examen critique, leur jugement, leur opinion, leur attitude ou leur comportement[2]. » Pour le médecin-psychologue Delbœuf : « La suggestion dirige et exalte la volonté du sujet et le remet en possession d'un pouvoir qu'il a cessé d'exercer mais qu'il n'a pas abdiqué. » Pour Émile Coué, la suggestion est « une action de l'imagination sur l'être physique et moral de l'homme »[3]. Quant à Sigmund Freud, il définissait la suggestion comme « l'influence exercée sur un sujet au moyen des phénomènes du transfert » (1912) ; plus tard il disait : « la suggestion, c'est-à-dire les conditions dans lesquelles on subit une influence en l'absence de toute logique » (1920)[4]. Enfin, la puissance de la suggestion va se retrouver dans toutes les recherches faites sur « l'effet *placebo* »*. Pour Bernheim : « Tout phénomène de conscience est une suggestion... Toute idée suggérée tend à faire acte... » et plus loin : « Tout n'est pas dans la suggestion mais la suggestion est dans tout[5]. » Et nous pouvons enfin citer Baudouin : « La suggestion est la mise en jeu par nous-même ou par autrui du pouvoir idéo-réflexe qui est en chacun de nous[6]. »

On voit aujourd'hui l'aboutissement de ces recherches avec, en particulier, les travaux des Simonton. En effet, leur approche connue aujourd'hui sous le nom de « technique de visualisation » émane de ces précédentes recherches. Au départ Carl Simonton, cancérologue et radiothérapeute, découvrit que lorsqu'il demandait à ses patients, pendant la séance de radiothérapie, de visualiser leur tumeur et l'effet des rayons sur leur tumeur, les patients avaient de meilleurs résultats thérapeutiques et guérissaient plus rapidement ou avaient des rémissions plus longues. De plus, la plupart des effets secondaires négatifs dus à cette forme de thérapie étaient considérablement diminués. Il en découlait une amélioration de la qualité de la vie du malade.

Par la suite, il fit appel à Stéphanie Matthews Simonton, spécialiste des techniques de motivation, afin d'inciter les patients à mettre en place des processus de visualisation, hors des séances de radiothérapie, les encourageant à participer activement à leur processus de guérison et diminuant leur angoisse.

Pourtant, parmi ces techniques qui ont toutes en commun l'utilisation de la suggestion, nous pouvons distinguer deux types de méthodes : celles qui reposent sur une forme de suggestion directive, où nous observons une domination volontaire du sujet par un agent extérieur, qui peut être une entité ou un thérapeute donnant des instructions sous forme d'ordres, et celles qui tiennent plutôt de l'auto-suggestion. Parmi les techniques de suggestion directives, dont cer-

---

* L'effet « placebo » est la guérison ou l'amélioration d'un état pathologique suite à l'administration d'un « faux » médicament ne contenant aucune substance active.

taines sont très contestables sur le plan éthique, nous trouvons:
— l'hypnose de music-hall,
— la plupart des approches d'hypnose médicale, où il est nécessaire de prendre en charge d'une manière directe le patient n'ayant, le plus souvent, pas les moyens de « s'auto-suggestionner » lui-même ;
— les approches de suggestopédie et de suggestologie[7] (Lozanov) ;
— les séminaires E.S.T. (Erhart Seminar Training) qui sont issus de techniques de conditionnement du corps des Marines.
(Liste, bien sûr, non exhaustive...)
Parmi les approches d'auto-suggestion, c'est-à-dire où le sujet lui-même se donne le message de suggestion, nous trouvons différentes pratiques sous les appellations suivantes:
— l'auto-hypnose ;
— la Méditation Transcendentale ;
— certaines pratiques Zen et le yoga ainsi que les rituels religieux ;
— la méthode Coué ;
— la sophrologie ;
— la méthode Silva ;
— la Dynamique Mentale[8] ;
— l'Activation Mentale ;
— la Dynamique Alpha ;
— la visualisation, etc.
L'approche des Simonton émane donc de tout ce qui précède, leur travail de recherche ayant été poursuivi par le Cancer Councelling Research Center[9]. L'importance de leurs travaux est d'autant plus grande qu'ils ont su utiliser les connaissances existant dans le domaine de la médecine moderne dans un esprit de conciliation et d'adaptation. Ils ne considéraient d'ailleurs que les patients suivant parallèlement un traitement médical, qu'il n'était pas question de remplacer par les seuls exercices de visualisation. Carl et Stéphanie Simonton recevaient dans leur séminaires thérapeutiques des patients dont la majorité étaient en phase terminale, et pour lesquels la médecine traditionnelle ne pouvait plus rien. Malgré cela, ils obtinrent des résultats très importants, qui

n'équivalaient pas obligatoirement à la guérison complète de l'individu, mais à l'amélioration de la qualité du temps restant à vivre pour le patient.

Dans le processus de guérison, la visualisation permettra à la personne de mobiliser ses ressources physiologiques et biologiques. Elle pourra non seulement les stimuler, mais, en implantant une image de guérison et de réussite par opposition au désespoir, elle participera au processus de guérison.

Les techniques de visualisation ne s'appliquent bien sûr pas uniquement à ce domaine. Nous en retrouvons des applications dans tous les domaines de la vie et particulièrement dans les situations de prise de décisions où l'action est liée à l'analyse des expériences antérieures, mais aussi face à la préparation de concours et d'examens afin d'améliorer la mémoire et de développer le calme, et également lors de l'accompagnement en fin de vie, afin de se préparer à l'acceptation du vieillissement et de la mort.

Trois approches sous-tendent ces techniques de visualisation. Outre le processus de suggestion, il s'agit de l'approche analytique et de l'approche psycho-corporelle.

Directement issue de la psychanalyse, l'approche analytique va s'attacher à analyser, voire interpréter, le symbole exprimé par le symptôme, par les rêves et les dessins (voir page 86). Ainsi la somatisation va-t-elle être verbalisée ; progressivement, tout un matériel refoulé va émerger, permettant d'identifier le sens du symptôme.

L'approche psycho-corporelle, au travers de la pratique de la relaxation, apporte un mieux-être physique. Nous allons, avec la sensorialisation, développer une prise de conscience de l'image inconsciente du corps, à travers une nouvelle perception de notre schéma corporel.

Cette nouvelle symbolique de notre schéma corporel nous permettra d'appréhender la somatisation dans son aspect matérialisé : la maladie[10].

Ainsi que nous l'avons vu, le processus de suggestion apporte aux techniques de visualisation toute la puissance des messages imprimés dans le subconscient, dans un état modifié de conscience qu'est « l'état perméable ». Ces processus de suggestion vont donc nous permettre de créer des réflexes conditionnés qui serviront de points de départ à de futurs travaux de suggestion positive. Ainsi certaines images ou certains gestes induiront-ils instantanément une réaction de relaxation.

Ces applications vont intervenir à trois niveaux du développement de l'être : au niveau physique, au niveau psychologique, et au niveau spirituel.

De nombreuses personnes méconnaissent certaines parties de leur corps, soit qu'elles n'aient jamais eu l'occasion de les rencontrer, soit que ces zones soient chargées d'affects négatifs que la personne évite. Il se peut qu'à la suite d'un traumatisme ou d'un interdit, l'individu ait mis en place un véritable conditionnement afin de se couper des messages sensoriels venant du corps. Par le travail sur le schéma corporel et la prise de conscience de notre espace interne, nous allons, de nouveau, accéder à cet espace intérieur qui n'appartient qu'à nous. La construction d'une image consciente et la perception de la vie de nos organes vitaux pourra permettre de stimuler ceux-ci (par exemple, les intestins pour la constipation, le pancréas pour le diabète, les sécrétions pulmonaires pour l'asthme, etc.). Il sera possible de constituer une carte ou un plan d'architecte qui sera un état des lieux avec les zones d'énergie libre, les tensions, les stases. C'est la première étape vers la réparation et la résolution des impasses physiques. Un autre aspect très important du travail de visualisation au niveau physique sera le développement du mouvement « anacinétique »*.

Avant chaque geste, nous visualisons insconsciemment le mouvement que nous allons faire en tenant compte d'une multitude de paramètres : position, espace, tonus, muscle, os...[11]. Ce mouvement anacinétique qui pourrait aussi s'appeler : « Comment bouger dans sa tête ? » est tout à fait indispensable en matière de rééducation des personnes immobilisées dans des plâtres ou dans la préparation à certaines épreuves physiques, sportives ou autres. L'aspect dynamisant de ces exercices n'est pas limité au maintien psychologique du malade, c'est une véritable stimulation nerveuse et musculaire en

---

* Le mouvement anacinétique est un mouvement imaginaire. Il est perçu par le sujet alors même que le membre impliqué reste immobile. Dans le cas d'une immobilisation, on peut favoriser le mouvement anacinétique ; celui-ci aura l'effet d'une rééducation.

dépit de l'inactivité des muscles. On observe des résultats étonnants lorsque l'on compare des personnes ayant subi le même traumatisme ; celles qui auront quotidiennement fait « une promenade imaginaire » ou des exercices avec le membre accidenté, auront une rééducation beaucoup plus courte et moins douloureuse. Bouger dans sa tête, c'est donc déjà bouger.

La pratique de visualisation va également permettre de travailler sur les tensions qui constituent l'armure caractérielle. Par exemple, un sujet traumatisé par une expérience pénible au cours de son enfance sera hésitant face à une activité similaire, appréhendant de renouveler son expérience négative. Par là, il inhibera une partie de ses ressources. Le travail de visualisation va lui permettre de vivre sa peur et de l'exprimer. Puis nous l'inviterons à revivre, en la « visualisant positivement », cette expérience. Il pourra ainsi avoir accès à des ressources qui étaient auparavant inhibées, et faire un « réapprentissage » du vécu.

Enfin, un aspect majeur du travail au niveau physique sera celui qui concerne les stimulations biologiques et notamment les fonctions immunitaires. Quand notre corps est agressé, il se défend comme un individu lorsqu'il est attaqué. Il est possible d'activer ses ressources de défense en visualisant des sensations associées à cette défense. Aux États-Unis, des expériences ont démontré que le système immunitaire pouvait être stimulé en quelques minutes. Il s'agissait de faire une prise de sang à un groupe de volontaires afin de connaître l'état de leur formule sanguine, puis, sous hypnose, de suggérer et de faire ressentir les sensations d'une blessure, même peu importante, puis de refaire une analyse de la formule sanguine. La comparaison des analyses permettait de vérifier la variation des capacités immunitaires des personnes. L'apprentissage de la maîtrise de la tension artérielle s'est révélée tout aussi spectaculaire[12].

Au niveau psychologique, la visualisation prend en compte le vécu émotionnel, les émotions non exprimées, les ressentiments, afin d'accéder au « Pardon ». Le pardon signifie le don que l'on se fait à soi-même, et c'est dans le pardon que peut se faire la réconciliation soit avec des figures parentales, soit avec d'autres personnes, des lieux ou des entités.

Dans un premier temps, nous allons travailler à la dissolution des défenses que la personne a mises en place. Il s'agit d'une procédure psychologique qui lui a permis de ne pas souffrir, où des comportements psychologiques et des attitudes compensent des manques et des déséquilibres provoqués par d'anciennes blessures. Avec la visualisation, nous allons remettre en cause ce système et surtout la personne va désapprendre, se désensibiliser par rapport à des comportements et des événements vécus comme traumatiques. En renonçant à ce comportement, elle va pouvoir choisir d'accéder à de nouvelles décisions plus appropriées à sa vie actuelle.

Enfin, les techniques de visualisation vont pouvoir agir au niveau spirituel, prenant pour objectif la réunification de l'être. Il s'agit pour le sujet d'accepter ses limites, et d'avoir une vision plus juste de lui-même, de découvrir son authenticité en acceptant de poser un regard bienveillant sur les autres et sur lui-même, de se sentir appartenir, d'aimer et de se laisser aimer.

Essayons maintenant de comprendre comment pratiquer ces exercices de visualisation, qui nous permettront de mettre en application ces théories. Nous allons, dans un premier temps, aborder la notion de cure, et voir ce qu'elle signifie, puis il s'agira d'analyser la composition d'un exercice, sa nature et son sens.

NOTES BIBLIOGRAPHIQUES

1. Dennis Jaffe, *La guérison est en soi*, Robert Laffont, Paris, 1981.
2. *L'Encyclopédie de psychologie*, Herder, New York, 1972.
3. J. Lerède: *Qu'est-ce que la suggestologie?*, Privat, Toulouse, 1980.
4. J. Lerède, *Op. cit.*
5. *Op. cit.*
6. *Op. cit.*
7. Voir Bargriana Belanger, *La suggestologie*, Retz, Paris, 1978 et José Silva, *La méthode Silva*, Le Hameau, Paris, 1986.
8. C. Godefroy, *La Dynamique Mentale*, Robert Laffont, Paris, 1976.
9. P.O. Box 7237, Little Rock, Arkansas 72217, États-Unis.
10. Cette approche est plus directement issue de la psychologie humaniste et des travaux de Wilhelm Reich.
11. Herrigel, *Le Zen dans l'art chevaleresque du tir à l'arc*, P. Derain, Paris, 1964.
12. James Lynch, *op. cit.*

3

La pratique

1. LA CURE

La cure comporte trois stades différents :

- le premier est celui de l'urgence et correspond à la phase aiguë. Dans ce cas, le sujet — qui vient, par exemple, de recevoir le diagnostic d'une maladie incurable et sait que ses jours sont en danger, même s'il le nie — est touché d'une manière subconsciente ;
- le second stade est nommé « phase de changement », parce que le sujet souffre de troubles somatiques qui ne mettent pas directement ses jours en danger mais altèrent la qualité de sa vie. Dans ce cas, la personne peut traverser une crise temporaire, professionnelle ou personnelle, et l'on constatera des facteurs de stress spécifiques : divorce, deuil, déménagement, examen, etc.
- la « cure d'apprentissage » concerne la prévention. Le sujet a vécu l'une des deux phases précédentes à un moment donné. Il a compris que le stress et l'usure mentale n'aident pas à progresser harmonieusement dans la vie. Il connaît les bienfaits des techniques de visualisation et de relaxation (yoga, méditation...) qu'il pratique par hygiène de vie. Il veut répondre à des désirs non satisfaits et gérer ses émotions au fil du temps sans accumuler de ressentiment. Il vient pour mettre en place une politique ou une philosophie de santé.

Dans la phase aiguë, les rendez-vous sont pris au minimum une fois par semaine, le plus souvent deux à trois fois dans la semaine. Au début de la phase de changement, les séances sont hebdomadaires et deviennent très rapidement bimensuelles. La mise en place de la cure de prévention nécessite des séminaires de trois jours, plus appropriés que des séances régulières. Il suffit ensuite de quelques séances qui feront office de « piqûres de rappel ».

Les trois étapes de la cure s'enchaînent. On peut entrer en phase aiguë et, une fois ce stade traité, passer à la phase de changement, de redécision, puis dans l'installation. Pendant la phase de crise, le thérapeute traite l'urgence. Puis, dans la phase suivante, la personne prend conscience de l'ampleur de son problème et réussit à se mettre hors de danger. On peut alors envisager des redécisions majeures qui aboutiront à l'étape dite de prévention, où s'installe cet apprentissage alors acquis. C'est la cristallisation du processus.

Les différentes phases

LA PHASE AIGUË

Le patient est profondément traumatisé, sachant que ses jours sont en danger. Le premier rendez-vous va permettre de faire un tour complet et global de la situation. Dès les premiers instants, nous allons veiller au confort physique de la personne, l'inviter à prendre un temps de répit en lui offrant la protection nécessaire, pour qu'elle puisse accéder à ses émotions. A ce niveau-là, il est indispensable que le sujet ait pris connaissance de son diagnostic, qu'il puisse, en d'autres termes, nommer précisément la maladie et que le monde médical l'ait mentionnée. Autant la connaissance du diagnostic est souhaitable, autant le pronostic est néfaste, car nul ne peut savoir combien de temps il reste à vivre.

Le sujet doit regarder sa maladie en face. Il faut le renseigner honnêtement sur son état de santé afin qu'il apprenne à se relaxer et à gérer son niveau de tension. En réponse aux informations que le patient donnera sur sa vie et sur le facteur déclenchant de son symptôme, nous pourrons lui montrer comment restructurer son temps, prendre plus de loisirs, réapprendre la joie de vivre.

Le concept de la maladie psychosomatique est perçu comme une impasse au plan psychique, exprimée au niveau physique par le corps. Les affects refoulés se matérialisent dans un symptôme qui apporte une réponse à ces *gestalts*, ces ensembles indissociables qui demandent à être clôturés. Il n'est évidemment pas question de culpabiliser le patient en le rendant responsable de sa maladie, mais de l'inviter à prendre soin de sa personne. La démarche de « positivation » consistera à l'encourager dans tous les aspects de sa vie, y compris les aspects dommageables qui ont abouti à sa maladie. Il faudra faire alliance avec l'état du Moi Parent★★ pour l'amener à utiliser son énergie au service de la santé et de la satisfaction des besoins.

Prenons l'exemple de Marie, atteinte d'un cancer du sein. Dans son premier entretien, elle raconte sa vie et son énergie consacrées à l'éducation de ses deux enfants. La totalité de son temps libre était consacrée à des travaux ménagers supplémentaires, ce qui lui évitait de demander de l'argent à son mari, préoccupé par sa situation professionnelle. Marie explique sa fatigue et raconte ses efforts pour ne pas faiblir. (Elle pleure en silence.)

Le thérapeute lui dit : « Je vois combien vous êtes courageuse. Ce sens de la responsabilité est précieux. Votre mari et vos enfants ont beaucoup de chance de vivre avec quelqu'un de si persévérant. »

Marie se met à pleurer plus fort. Elle dit sa colère et sa tristesse que personne n'ait remarqué ses qualités. Elle évoque sa mère, si difficile à satisfaire, qui lui en demandait toujours plus.

Après un long silence, le thérapeute pose sa main sur l'avant-bras de Marie : « Vous allez prendre du temps chaque jour, lui dit-il, pour faire des exercices de relaxation ; vous trouverez ainsi l'énergie de faire ce qui vous semble important. »

Les exercices en question vont lui permettre de découvrir ses besoins insatisfaits, puis de se donner les moyens de combler ses désirs. Le thérapeute lui demande de continuer ses efforts, mais pour prendre soin d'elle-même.

Dans la première phase de cette cure, il est en effet essentiel de « stroker »** et d'encourager la personne dans tout ce qu'elle fait. Il s'agit de soutenir tous les États du Moi** ou les différents comportements sans les confronter directement, même si certains de leurs aspects sont négatifs.

L'objectif est d'amener le sujet à orienter son énergie vers un regain d'intérêt pour la vie, mais pas encore de lui faire corriger ses comportements. D'une manière non verbale, nous l'inviterons à prendre soin de son confort physique. Nous lui demanderons de restructurer son temps et de s'octroyer au minimum une heure par jour de plaisir « inutile », ce qui lui permettra de trouver un équilibre tout en prévoyant une plage de temps pour la réflexion. C'est au cours de cette heure inutile que le patient va « infuser » les ingrédients reçus pendant la séance de thérapie.

Une huitaine de jours après le début de la psychothérapie, nous l'engarerons à s'investir davantage. Progressivement, nous allons entrer dans son cadre de références. Nous interrogerons les différents États du Moi**, en commençant par le Parent**, suivi de l'Enfant**. Nous établirons une alliance avec l'Enfant pour rencontrer le Parent introjecté**. Pour accéder à l'Enfant, il faut distinguer les aspects positifs des états négatifs du Moi.

Si l'on souligne le négatif trop tôt en insistant : « Ce n'est pas bien de travailler de la sorte, regardez comme vous vous êtes rendu malade », nous renforçons le Parent négatif. Il est, dans un premier temps, nécessaire de laisser s'exprimer toutes les douleurs, les frustrations et les ressentiments regroupés dans l'Enfant. Ce sont eux qui ont poussé l'Enfant à décider, s'adressant à son Parent : « Puisque tu ne veux pas prendre soin de moi, puisque je n'ai pas la permission de prendre moi-même soin de ma personne, je vais tomber très malade et tu seras obligé de me soigner ! »

C'est à ce stade que se situe l'impasse, une sorte d'ambivalence où la personne cancéreuse, par exemple, se trouve coincée entre la solution d'être soi-même, de satisfaire ses vrais besoins en risquant d'être rejetée ou abandonnée et celle de méconnaître ses vrais besoins pour maintenir le lien et être aimée au risque de se nier elle-même. C'est comme si deux personnes habitaient le même corps : l'une veut vivre autrement et s'exprimer de manière authentique au risque (imaginaire) de déplaire et d'être rejetée, l'autre se soumet, nie ses besoins et sa personnalité authentique mais contient sa rancune et ne voit d'autre issue que la mort pour résoudre l'impasse dans laquelle elle se trouve. Le travail thérapeutique va consister à sortir de cette impasse pour accéder à l'idée qu'il faut vivre selon ses propres aspirations sans penser à faire plaisir à tout prix ni nier ses besoins.

Dans cette démarche, le sujet atteint devra répondre à deux questions qui l'assaillent:
— Pourquoi cette maladie?
— Pourquoi moi?

« Cette étape est très importante, écrit la psychothérapeute Sophie Garnier, car elle permet au patient de réintégrer la maladie dans un cadre de références cohérent en rapport avec son vécu. Elle perd ainsi son aspect de fatalité face auquel le patient se sentait impuissant et désarmé. Cela lui permet de donner du sens et ainsi de reprendre son pouvoir pour affronter la maladie comme un événement qu'il peut s'approprier et sur lequel il peut agir. Si ce qu'il était jusqu'à ce jour a quelque chose à voir avec l'état de maladie dans lequel il se trouve, il a le pouvoir, en agissant sur sa façon d'être, de participer activement au rétablissement de sa santé[1]. »

L'étape suivante du plan thérapeutique va consister à apprendre à la personne à utiliser l'imagerie mentale et la visualisation. Tout ce travail va se faire autour de l'exercice du dessin décrit plus loin, de la relaxation, et d'exercices progressifs de visualisation.

On permettra d'abord à la personne d'accéder à son schéma corporel en lui donnant la possibilité de s'approprier les différentes parties de son corps, de vivre des sensations agréables dans son corps, de ressentir du plaisir, de la détente. Tout au long de cette exploration, nous allons voir émerger de nouvelles problématiques liées à l'arrivée du symptôme. Le sujet devra effectuer trois à cinq séances de relaxation par jour pour que naisse réellement une nouvelle relation à son corps. Puis il apprendra à visualiser sa maladie, à lui adresser la parole comme à une personne capable de répondre, en d'autres termes, à dialoguer avec sa maladie, à rétablir un dialogue intérieur. Il devra enfin imaginer un traitement, par le travail sur les dessins, le partage du vécu des exercices. Nous verrons apparaître dans la symbolique toutes les causes de la maladie et, le cas échéant, les ressentiments qui y sont liés, l'ambivalence entre les deux structures, les deux aspects de la personnalité dont nous parlions ci-dessus.

Quand la personne accepte de visualiser sa guérison, elle prouve son intention de guérir. C'est déjà un premier pas vers l'amélioration de son état.

LA PHASE DE CHANGEMENT

Cette phase se distingue de la précédente par la disparition du caractère d'urgence et des risques qui l'accompagnent. En conséquence, le travail pourra être effectué plus en profondeur.

Dès le premier entretien, nous aurons une idée tout à fait précise de la problématique du sujet vue dans son ensemble et son environnement plus général.

Une des premières étapes va consister à établir un bon rapport de transfert avec un *contrat* clair qui permettra la confrontation et l'expression des émotions. Dès que la personne aura suffisamment parlé des problèmes qu'elle rencontre dans sa vie sentimentale ou dans son environnement professionnel, nous pourrons lui proposer un contrat d'Issue Dramatique de Scénario**.

Le contrat d'IDS met à jour les pulsions inconscientes de suicide, de meurtre, de maladie ou de démence et invite le sujet à y réfléchir et à y renoncer.

Ce contrat s'établit d'abord à court terme, dans un délai de quinze jours à un mois. Il est évident que la qualité de l'engagement prime sur la durée du contrat et qu'il est plus aisé de maîtriser les pulsions du patient sur un court terme. Une fois ce contrat signé symboliquement, le patient sait très précisément quels sont les objectifs de la thérapie. Nous pourrons ainsi traiter les bénéfices secondaires de la maladie et poser de nouvelles problématiques, comme celle-ci : « Qu'est-ce que cette maladie me permet d'obtenir que je ne pourrais ou n'oserais obtenir autrement ? »

Les exercices de visualisation, les relaxations quotidiennes, le travail sur le dessin, sur la structuration du temps, vont nous permettre d'aborder les différentes étapes du deuil. Le patient doit assumer la responsabilité de ses émotions, reconnaître les comportements qui lui sont dommageables, faire l'apprentissage de nouvelles attitudes plus appropriées. Nous accompagnerons le sujet dans les différentes étapes du deuil que sont le déni, la colère, le marchandage, la dépression et l'acceptation[2].

Parvenue à ce stade de l'acceptation, la personne pourra envisager un comportement différent et donner ainsi une nouvelle orientation à sa vie. Elle n'aura plus besoin du symptôme ou de la maladie pour exprimer son malaise.

LA PRÉVENTION

Elle consiste à traiter son scénario dès les premiers symptômes. Mieux encore vaudrait développer, pour les générations à venir, des scénarios de bonne santé, chacun se développant dans un amour inconditionnel qui éviterait de « faire plaisir » au détriment de sa propre personnalité. Certains besoins humains sont à ce point essentiels que lorsqu'ils ne sont pas comblés, la carence se reporte sur quelqu'un d'autre . C'est ainsi que la carence de la mère se reporte sur l'enfant, qui lui-même la transférera sur un proche.

Les paramètres des modalités de changement ou d'évolution

Chacun de nous a intégré au cours de sa vie des processus d'évolution. Prenons l'exemple de l'apprentissage du mouvement: certains marchent d'une manière ample, souple, ondulante. D'autres, au contraire, avancent d'un pas saccadé, rapide, un peu mécanique. Cette manière de se déplacer dans l'espace est en relation avec les pensées du sujet.

Se déplacer d'un point A à un point B peut se faire de multiples manières. La ligne droite n'est, curieusement, pas la norme. Nombre de personnes avancent, au contraire, en « zigzag ». Ce déplacement dans l'espace va se faire en tenant compte du processus structurant la personnalité de l'individu. Nous pouvons également le comparer à un processus de digestion. La personne transforme, digère les divers apprentissages qu'elle rencontre dans sa vie pour progresser. Mais elle intègre aussi les épreuves qu'elle traverse, dont chacune peut à son tour être un apprentissage. Chaque jour de la vie va apporter des événements spécifiques que la personne traitera selon ce processus.

Si le processus thérapeutique est fondamentalement différent des modalités de changement de l'individu, ce dernier devra faire une traduction dans son propre mode ; il en découlera une perte de temps et d'énergie affectant l'efficacité. Pour éviter cela, le thérapeute devra identifier la modalité de changement de sujet, s'y adapter et, en quelque sorte, décoder son langage. Si le psychothérapeute tient compte du profil de changement, le travail thérapeutique deviendra rapidement un simple accompagnement.

Sur ce schéma, nous pouvons identifier certains types de croissance. La liste qui suit est loin d'être exhaustive :

- le type contemplatif est une croissance progressive, en continu sur les acquis précédents. La croissance est gérée au quotidien, d'une manière régulière et sereine, sans à-coups, tel un long ruban qui se déroule inexorablement ;
- le type kangourou : le sujet évolue par bonds en fonction de ses prises de conscience. Il peut intégrer rapidement les notions qu'il vient de découvrir. Puis, durant un long moment, nous pouvons penser qu'il n'intègre plus de données... jusqu'à sa prochaine découverte ;
- le type barrage ressemble étrangement au type kangourou, mais avec une progression encore plus lente. La croissance s'effectue par maturation ou accumulation d'énergie, de force, d'épreuves. Puis, la personne prend conscience de son blocage ou de sa retenue. Elle décide alors de rester ainsi ou au contraire de s'ouvrir ;
- le type « par retenue d'élastique » : le sujet ne peut évoluer que lorsque les « élastiques » qui le retiennent dans son passé sont « décrochés ». Nous avons vu, dans les processus de maladies, comment certains événements vécus dans l'instant étaient reliés à des traumatismes ou des événements non résolus dans le passé. Tant que ces événements n'ont pas été évacués, des poches d'énergie subsistent et demandent à être libérées : un peu comme un bateau qui voudrait quitter le port, mais n'a pas encore largué ses amarres ;

- le type freinage : le sujet freine pour ne pas avancer dans la vie. Le processus est différent de la « retenue d'élastique ». Dans le cas précédent, le patient avait besoin d'être libéré. Ici, c'est lui-même qui freine pour ne pas progresser. Il avance péniblement, avec usures et somatisations ;

- le type par paiement correspond à des épreuves régulières, dont les succès aideront la personne à progresser. Le patient estime qu'il faut réussir ou souffrir pour avancer dans la croissance ;

- le type par traumatisme : le sujet est installé dans la passivité et seuls les traumatismes le font avancer. Ils sont sa seule énergie motrice. Si l'on prend l'exemple d'une personne limogée avant qu'elle ait pu le prévoir ou prendre en compte cette éventualité, elle va se libérer, une fois au chômage, et découvrir qu'il faut être prévoyant ;

- le type par inertie : le sujet attend que les autres le fassent avancer. La relation aux autres est ici d'une extrême importance pour sa croissance ;

- le type par glissade : la personne donne l'impression d'être sur une pente verglacée, comme si une force immuable la poussait en avant sans qu'elle puisse la contrôler. Elle tente de se rattraper, mais il n'y a aucune adhérence et elle glisse. Ce type se retrouve parfois chez les personnes alcooliques ou droguées. Il sera difficile pour le thérapeute de donner l'impression qu'il accompagne son client. Pourtant, au début, il devra suivre la même voie que lui tout en installant des « crampons » qui lui permettront de ralentir la glissade. L'important, ici, est de ne pas tenter d'arrêter totalement cette glissade ;

- le type stagnant : le comportement « stagnant » du patient rappelle un étang qui ne varie qu'au rythme des saisons. De même, le sujet n'évolue que sous l'impulsion de son environnement. Nous ne sommes pas loin du type par inertie, pourtant ici, le sujet n'attend aucune aide particulière. S'il évolue de fait, il ne le souhaite pas vraiment ;

- le type par éclatement : la personne se trouve comme une noix dans le casse-noix, qui cherche à éclater ;

- le type par combat : ce type est une variante du type « par paiement ». Le sujet cherche à se battre et à gagner. C'est au travers des batailles qu'il mène qu'il a l'impression de progresser ;

- le type archéologique : la personne va progresser par strates, un peu comme un éphéméride ;
- le type par fuite : le processus de base sera l'éloignement. Le sujet va chercher à s'éloigner de ses problèmes et sa croissance se fera à travers ceux auxquels il aura effectivement échappé ;
- le type « trois pas en avant, deux en arrière » : le sujet avance pour expérimenter. Il se dit qu'il peut revenir sur ses pas et qu'il n'est jamais obligé de changer immédiatement.

La première étape va donc consister à identifier la principale modalité de changement du sujet. Cela se fait par l'écoute. Au cours de l'anamnèse*, il est possible d'observer les processus de communication du sujet. Sa respiration, la mobilité ou l'immobilité corporelle, le débit de parole... sont autant d'indices qui nous permettent de définir le type de croissance. Si le thérapeute pense à observer le processus d'évolution du sujet, il identifiera immédiatement le rythme qu'il doit adopter pour une parfaite adaptation à sa conception du plan thérapeutique. Nous concevons souvent le plan thérapeutique comme une carte routière, un itinéraire où sont prévues les étapes de repos ou de restauration et ce, jusqu'à bon port.

Il est évident que si le sujet a un type de croissance « par glissade » et que le thérapeute propose un travail de type « archéologique », le patient vivra mal sa psychothérapie et le résultat sera négatif. De même, si le thérapeute fonctionne par éclatement alors que son patient se trouve dans un type de fuite, il y aura incompatibilité totale et échec de la thérapie.

---

* Anamnèse : temps d'observation consacré à l'historique de la maladie et de son évolution.

2. LA SÉANCE DE VISUALISATION

La composition de la cure se retrouve en réduction dans la structuration d'une séance et même dans la composition d'un exercice.

Une séance se compose tout d'abord d'un temps d'anamnèse ou de restitution des événements importants, ou jugés significatifs, qui se sont produits depuis la dernière séance. La démarche permet de vérifier à quelle étape le patient se situe dans son développement et d'ajuster ainsi le plan thérapeutique. Les modes de changement doivent être respectés et dans certains cas, il convient de s'attarder sur un même point. A la fin de ce temps d'anamnèse ou de restitution, il est utile de verbaliser le contrat de séance : « Que souhaitez-vous obtenir de cette séance ? Que voulez-vous changer aujourd'hui ? » Dans ce contrat, la question primordiale est celle du résultat que le patient souhaite obtenir de la séance. Mais il s'agit surtout de lui demander comment il compte intégrer cette séance et l'utiliser dans sa vie.

La phase suivante est celle de l'exercice proprement dit, où l'on utilise le processus de suggestion pour atteindre un niveau de conscience permettant la perméabilité inconscient/conscient (schéma 10). Au moment de ces émergences, le thérapeute peut émettre des suggestions pour mémoriser

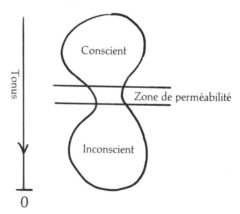

Schéma 10   Zone de perméabilité

certains aspects du matériel inconscient émergent. Durant cette phase d'exercices, il est important de donner des suggestions favorisant la prise de conscience du schéma corporel et l'élaboration, dans l'esprit du patient, d'une image consciente de son corps. Cela se fera en invitant le sujet à reconnaître les tensions existantes de son corps, mais surtout, en l'aidant à prendre conscience des sensations agréables que son corps lui prodigue. En activant le positif, il est possible de développer une sorte de somatisation de la santé.

La dernière partie de la séance sera consacrée à la verbalisation du vécu de l'exercice, ce qui permet une intégration du matériel collecté dans les couches de la conscience active.

Un moment important est celui du départ. A cet instant, des suggestions renforçantes à l'état de veille peuvent être utilisées. Il s'agit de porter une attention particulière au phénomène inverse qui peut apparaître. Il serait dommage de travailler toute une séance pour amener un « bourreau de travail » à se détendre, à relativiser ses responsabilités afin qu'il prenne soin de lui et de lui dire à la fin : « Bon courage », ce qui signifie « continuez à travailler dur »... Cette dernière suggestion réduirait à néant tout le travail effectué.

Il faut, en toutes circonstances, se souvenir que la dernière suggestion est toujours celle qui domine.

Composition d'un exercice

Un exercice se compose :

• d'une phase d'induction (fixation),
• d'une phase de suggestion,
• d'une phase de reprise (retour à la tonicité),
• d'une phase de verbalisation et d'analyse du vécu.

Phase d'induction

La phase d'induction (de fixation) peut être plus ou moins profonde. Dans le cas d'une formation en entreprise, elle peut être assez douce et ne signifier que quelques instants octroyés pour établir un contact avec soi-même et envisager l'éventail des solutions possibles à un problème donné. Lors de prises de conscience sensorielles, cette phase est, au contraire, beaucoup plus profonde et se situe soit au niveau visuel (avec l'utilisation de l'arc-en-ciel des couleurs), soit au niveau auditif pour conditionner la relaxation à un son, soit au niveau kinesthésique en provoquant une hallucination sensorielle ou en utilisant des sensations réelles comme les points de contact du corps avec la chaise ou le sol.

Au fil de l'exercice, plusieurs paramètres sont à considérer. Il y a les structures psychologiques du sujet, le cadre dans lequel se déroule l'exercice, le niveau relationnel entre le thérapeute et le sujet, le degré de confiance. Ces paramètres seront autant de facteurs essentiels pour une parfaite perméabilité du sujet. Nous reprendrons plus loin ces éléments plus en détail.

Une fois l'anamnèse réalisée et le contrat établi — même si, dans la pratique, les deux ne se font pas toujours de manière formelle — l'exercice proprement dit peut enfin commencer.

D'une manière générale, on considère la transe la plus profonde comme la meilleure réussite, à condition toutefois qu'elle soit bien vécue par le sujet et que celui-ci, à la fin de l'exercice, n'ait pas l'impression d'avoir perdu le contrôle de lui-même et de s'être ridiculisé.

C'est dans cette partie de l'exercice que nous allons travailler davantage sur la prise de conscience du schéma corporel qui permettra de développer l'enracinement et la conscience d'exister qui l'accompagne.

Dans certains cas, la phase d'induction est une démarche suffisante pour permettre au sujet de prendre conscience des tensions physiques qu'il doit traiter. L'apprentissage de l'accès à l'état de relaxation et à celui de perméabilité est thérapeutique en soi. Une simple suggestion de confiance ou de bien-être à la fin de cette phase peut suffire pour des sujets en début de cure. Ceci est particulièrement vérifié dans les situations de dépression où le patient est coupé de ses sensations et de son corps. Dans ces cas, un simple travail sur la respiration et le schéma corporel (les deux premières étapes de la cure) suffit parfois.

Vous trouverez dans la deuxième partie de ce livre différents types d'induction, notamment celles qui consistent à modifier certaines perceptions de la réalité (distorsion du temps, modifications des fonctions auditives ou amnésie). Ces

suggestions faites au cours de l'induction doivent impérative-
ment être prises en compte lors du retour à la tonicité, ceci
afin de ne pas laisser le sujet avec des suggestions induites qui
pourraient être dangereuses pour lui.

Phase de suggestion

La phase de suggestion est une inscription, ou ancrage,
dans le subconscient, de nouvelles programmations. C'est la
partie ‵de l'exercice à la fois la plus importante et la plus
délicate. Dans l'état de perméabilité, les frontières du Moi
s'effacent pour un temps. Cette partie de l'exercice s'ap-
parente plus à la microchirurgie qu'à la mécanique lourde. Il
est donc indispensable que le thérapeute ait lui-même suivi
une thérapie complète. Il sera ainsi capable de gérer la
situation dans l'intérêt du client.

Il s'agit de remplacer des programmations archaïques inconscientes par des propositions métaphoriques appropriées à
la situation présente. Chaque nouvel élément de suggestion
proposé à l'inconscient du sujet va impliquer un réajustement
global de l'ensemble de son vécu archaïque. Le passé sera vu
sous un autre regard. Certes, les événements historiques
n'auront pas changé, mais les perceptions et le souvenir en
seront différents. Ainsi, dans l'avenir, le sujet réagira différemment lorsqu'il rencontrera des situations analogues. Ces
nouvelles programmations constructives sont ancrées par des
visualisations sensorielles de l'objectif souhaité, vécu comme
étant déjà atteint. Dès que le message suggestif aura été
donné, nous inviterons le sujet à se projeter dans un monde à
venir et à vivre sous forme de visualisation sensorielle l'objectif atteint, à percevoir les bénéfices qui en découleront.

Ainsi, tout comme lors d'une répétition générale, le sujet
prépare, par l'implantation de réflexes conditionnés ou de
moyens mnémotechniques, la prédiction d'une situation.
L'inconscient du sujet induit alors un comportement compatible avec la réalisation de cette prédiction (à ce sujet, voir
page 23 la définition de l'effet Pygmalion).

Il arrive parfois, au début de la cure, que cette phase de
suggestion soit utilisée pour que le patient définisse les problèmes qu'il souhaite résoudre. C'est presque une radio-
graphie de l'histoire du sujet dont l'image définirait les zones
de tension et les nodosités.

Dans la phase suivante, il faudra ôter le détonateur de chacune de ces mines que constituent les zones de tension, même si l'on veille à ce que chacune reste en place dans un premier temps. Il apparaîtra plus tard que certaines mines ne sont plus nécessaires dans le système de défense. Dans ce cas, le sujet pourra, lui-même, décider de s'en défaire. En attendant ce moment, il faudra en respecter l'existence. Dans l'esprit de l'individu, elles paraissent parfois la meilleure solution à un problème naissant.

Phase de retour à la tonicité
La phase de retour à la tonicité correspond au moment où le thérapeute, après avoir laissé suffisamment de temps au sujet pour s'imprégner de ses suggestions, décide de lui faire quitter la zone de perméabilité. Le sujet s'éloigne de cette zone, chargé des prises de conscience effectuées au cours de l'exercice, et revient à un état de vigilance. C'est le moment d'annuler les suggestions qui auraient pu être données au cours de l'induction et ne seraient plus appropriées à la situation de veille.

Les suggestions de retour à la tonicité telles que : « Dans quelques instants, quand vous ouvrirez les yeux, votre esprit sera clair, reposé, détendu. Vous serez heureux de vivre et prêt à affronter les tâches qu'il vous reste à accomplir aujourd'hui... » apportent la dynamisation suffisante.

Le rythme vocal, le ton du thérapeute doivent inciter à la tonicité et sont, bien entendu, très différents du ton utilisé lors de l'induction. Pendant que le sujet sort de la zone Delta, Thêta ou Alpha pour entrer dans la zone Bêta, il est encore temps de lui faire des suggestions toniques telles que : « Étirez-vous comme après une longue nuit de sommeil, d'un sommeil profond, réparateur, l'esprit clair, reposé, heureux de vivre... »

Phase de verbalisation
La dernière partie de l'exercice correspond à la verbalisation du vécu. Cette phase est tout à fait indispensable pour que le sujet intègre les éléments découverts lors de l'exercice. Le sujet se situe entre l'état de perméabilité et celui de veille. Dans cette phase, le thérapeute pourra évaluer ce qui a été

reçu et accepté par le sujet. Il pourra renforcer et confirmer des décisions exprimées au cours de l'exercice, ancrer au niveau conscient les points les plus importants du travail.

LE PROCESSUS

Le processus de suggestion consiste en une focalisation sur un certain état de conscience. Dans cet état, les facultés de l'esprit du sujet sont accaparées par un seul cheminement de pensée, ce qui met les autres fonctions entre parenthèses. Le processus de suggestion est également appelé processus hypnotique ; il est partie intégrante de notre vie.

En préambule, il faut savoir que l'inconscient recouvre tout ce qui ne constitue pas le temps présent. Il correspond à l'accumulation de nos expériences et apprentissages passés, mais aussi, de toutes nos anticipations et projections futures. Il fonctionne de manière permanente, parallèlement au système conscient.

Ainsi, tout ce qui apparaît pendant le processus de suggestion existe préalablement à l'état latent chez le sujet. Bien des phénomènes spécifiques à l'état de suggestion peuvent apparaître spontanément dans la vie d'un individu sans même qu'il s'en rende compte. L'état obtenu par le processus de suggestion est tout à fait comparable à la transe.

La transe est en elle-même un processus thérapeutique parce qu'elle permet des réaménagements de notre cadre de références et que le fait même de descendre dans un état de perméabilité entre notre conscient et notre inconscient continue à résoudre notre problème.

Milton Erickson a écrit : « L'hypnose est une technique de communication par laquelle vous rendez disponible le vaste champ des apprentissages acquis dont l'utilité réside principalement dans le fait qu'ils se manifestent sous forme de réponses automatiques[3]. » Le processus de suggestion est l'association de trois ingrédients en constante interaction et dépendant les uns des autres. Il s'agit du consentement (l'acceptation ou motivation du sujet face au processus), de la fixation ou focalisation (le rétrécissement du champ de conscience du sujet qui s'est focalisé sur un seul point) et de la suggestion (qui n'est autre qu'un message adressé à l'inconscient du sujet quand l'état de perméabilité est atteint).

Pour interrompre le processus de suggestion, il faudra donc interrompre cette triade : consentement, fixation, suggestion. Dans le quotidien, cette situation se retrouve très fréquemment. Dans la pédagogie, par exemple, la relation maître/ élève est un processus de suggestion ; le consentement correspond à la demande d'apprentissage, la fixation représente l'attention nécessaire pour suivre le cours. Elle est généralement soutenue et encouragée par des postures, la disposition des tables qui convergent toutes vers le tableau et le professeur. La suggestion, quant à elle, se retrouve dans le contenu du cours.

De même, lorsque vous regardez un panneau publicitaire dont l'esthétique a été soigneusement étudiée, l'image accroche le regard et suscite le consentement. La lecture de l'image et du message correspond à la fixation. La suggestion sous-entend qu'il faut acheter le produit si l'on veut ressembler à la créature de rêve qui s'affiche devant vous, ou la conquérir.

Un appel téléphonique est également une relation de suggestion. Vous entendez la sonnerie, vous décrochez le combiné, c'est un consentement. Vous vous concentrez sur la voix et les paroles, c'est la fixation. La suggestion se trouve dans le contenu du message.

Le plus intéressant dans le processus de suggestion est sans nul doute le fait que l'interaction entre le consentement, la fixation et la suggestion est auto-renforçante : chacun des éléments peut en effet induire un des deux autres.

Prenons l'exemple d'une suggestion : « Détendez-vous. » La fixation va suivre : « Suivez votre respiration. » Quand la personne va effectivement suivre sa respiration, elle donnera son consentement et le processus sera amorcé. « Maintenant, suggère le thérapeute, laissez-vous aller plus profondément. » « Transportez-vous quand vous le voulez dans un lieu qui n'appartient qu'à vous. » Si la personne se transporte dans ce lieu, il y a consentement. Si elle voit les images, perçoit les sensations propres au lieu, elle est dans la phase de fixation qui va renforcer les messages précédents. Plus la personne donnera de consentement, plus la transe sera profonde. De la même façon, plus les consentements seront impliquants, plus la transe sera profonde.

Pour que le processus fonctionne bien, il est nécessaire de laisser du temps au patient. Plus le laps de temps sera long après la suggestion, plus la personne approfondira son consentement. Il s'agit de maîtriser cet instant, car s'il s'avère trop long, la personne peut, au contraire, perdre toute concentration et revenir à l'état de veille.

Le processus de suggestion va consister à rester constamment dans ce triangle (consentement, fixation, suggestion) en l'alimentant par un apport continuel de « combustible » qui fera que la transe sera une réussite. Un tel processus, lorsqu'il est bien maîtrisé, permet d'inclure des messages dans d'autres messages. La transe thérapeutique est un état particulier qui intensifie la relation thérapeute/patient.

La fixation peut être interne ou externe, réelle ou imaginaire. Elle passe par les perceptions. Si l'on prend l'exemple d'une fixation sonore, telle un coup de gong tibétain, accompagné d'une suggestion : « Vous entendez ce son, plus vous le maintenez, plus vous vous relaxez », le sujet entend le son (consentement), il le maintient dans sa fonction auditive et se relaxe. Cette séquence est typique du processus de suggestion qui permet d'accéder à l'état de perméabilité. Le thérapeute nommera ce même état de manières diverses, selon qu'il se réfère à la visualisation, à l'hypnose clinique, à la Dynamique Alpha ou à la sophrologie, mais le processus restera commun à toutes ces approches. On appellera dès lors cette phase état de perméabilité, transe, niveau Alpha, État Modifié de Conscience (EMC) ou niveau subliminal.

LE CONSENTEMENT

Le dictionnaire Robert définit le consentement comme un « assentiment accordé à une assertion ». C'est en fait une ouverture de l'Être à la suggestion de l'autre, une relation de confiance qui nous éclaire sur l'importance du transfert.

En termes d'Analyse Transactionnelle, le processus de suggestion se fait sous la protection du moi Parent avec l'accord du moi Adulte.

Si la relation entre le sujet et l'opérateur est libre et peu chargée au niveau transférentiel, le patient aura toute liberté de donner ou de refuser son consentement. En revanche, s'il existe des pressions extérieures, le consentement peut être obtenu avec une certaine coercition. C'est le cas au sein de relations institutionnelles très hiérarchisées, telle l'armée. Il existe différentes manières pour obtenir le consentement.

• La première, la plus sûre, est le contrat. Il consiste à demander clairement au patient son accord et sa collaboration honnête.

• La seconde manière est plus implicite. Elle consiste à considérer d'emblée que la personne est d'accord. Si le thérapeute attaque sa séance par un « Nous commençons », le patient devra dès lors investir son énergie pour énoncer son refus de commencer.

• La contrainte est souvent un état de fait. Le patient peut être en prison, dans une chambre d'hôpital ou, plus simplement, dans une relation de dépendance, telle celle qui relie les enfants à leurs parents. L'enfant est dans une double contrainte puisqu'il a besoin de l'amour de ses parents pour vivre. Il est obligé de leur plaire et ne peut guère lui résister. Une grande partie de l'éducation se fera au travers d'expériences qui sont autant de suggestions données sous la contrainte.

Les drames conflictuels où l'enfant se fait sermonner sont à cet égard de parfaites illustrations de suggestion. L'enfant reçoit une décharge émotionnelle importante, il est terrorisé et le message, souvent négatif et réprobateur, est en réalité une suggestion hypnotique que l'enfant perçoit immédiatement. On retrouve le même schéma dans les processus d'audience captive tels que les prises d'otages ou le syndrome dit de Patty Hearst qui fait que les victimes défendent souvent leurs bourreaux. De même, la situation de foule (meetings politiques ou syndicaux) et la crainte de représailles des congénères font que l'on adhère plus facilement à une action collective (vote à main levée).

• Le consentement par intimidation a de multiples ressemblances avec la contrainte : on prédit à un individu des représailles douloureuses en cas de désobéissance.

La menace, le chantage, l'utilisation de la culpabilité, ces moyens inhumains peuvent, paradoxalement, entraîner des effets positifs selon la personne qui les utilise. La contrainte est, par exemple, utilisée avec succès dans le cadre d'une

« déprogrammation » de membres de certaines sectes. Dans leur cas, l'intoxication a elle-même été réalisée sous la menace.

- Le mode paradoxal permet également d'accéder aux buts recherchés. Si l'on affirme au patient, durant une minute, que sa main est très lourde, puis que l'on inverse le discours en insistant sur sa légèreté, la personne sera nécessairement piégée. Si elle est en rébellion et qu'elle refuse de sentir le poids de sa main, elle consentira alors lorsque l'on suggérera la légèreté. Il y a là un double lien. Plus le patient résistera, plus sa main deviendra légère.
- La séduction peut naturellement aider au consentement.
- On peut également utiliser l'amalgame en associant deux éléments intangibles à un troisième, tout à fait relatif. Le patient considérera que les trois sont intangibles. L'exemple le plus significatif est sans doute celui-ci : « Vous entendez ma voix... Vous sentez le contact de votre corps avec le sol... Vous vous relaxez de plus en plus profondément. »
- Le consentement peut être obtenu par opposition avec effet retard. C'est la technique des hypnotiseurs de music-hall qui provoquent d'abord la rébellion puis l'utilisent à des fins de consentement. Chacun de nous connaît ce scénario : « J'invite ceux qui en ont le courage à monter sur scène. Je les hypnotiserai en leur serrant simplement la main. » Un homme se lève dans la salle. « Bravo monsieur ! Vous êtes courageux. Cette expérience ne présente aucun danger, mais attention ! Dès que vous m'aurez serré la main, vous ressentirez une sensation particulière, il vous suffira de vous laisser aller et de vous concentrer sur cette sensation... » Dès que la personne accepte d'entrer dans la relation, d'affronter l'hypnotiseur, elle est partiellement piégée, puisqu'elle a consenti.

Le fait même qu'un individu crée, à la demande, une image dans son esprit, est la preuve d'un consentement. Si l'on dit à une personne : « Il y a un éléphant rose au plafond. Surtout, ne le regardez pas », le fait même qu'elle lève les yeux et réponde : « Non. Les éléphants roses ne marchent pas au plafond » est la preuve qu'elle a consenti à créer l'image d'un « éléphant », à imaginer la couleur « rose » et le « plafond ».

Le niveau émotionnel dans lequel se trouve le patient sera, bien sûr, un facteur renforçant du consentement. Une immense joie associée à une suggestion fera prendre une décision qui restera imprimée profondément, même si elle est refoulée dans l'inconscient. Prenons l'exemple d'une mère, de retour de la maternité avec son bébé. Elle dit à sa fille qui tient, très fière, l'enfant sur ses genoux, qu'elle sera elle aussi maman un jour. La petite fille est dès lors programmée pour devenir une mère et cette suggestion participera à son plan de vie. Une forte charge émotionnelle va modifier le niveau de conscience. Plus l'émotion sera forte, plus la suggestion atteindra durablement les couches profondes de l'être.

LA FIXATION

La fixation est en elle-même un consentement. En acceptant de réduire son champ de conscience, en focalisant son attention sur une seule pensée (mono-idéisme), la personne accepte de ne pas voir, de ne pas prendre en compte certains aspects de la réalité. Elle accepte généralement de mettre au repos sa fonction critique et celle d'analyse, ou, en termes d'Analyse Transactionnelle, son Parent et son Adulte.

Les fixations les mieux acceptées sont les fixations internes, celles que nous suscitons dans le cadre de nos références et de notre champ de conscience. Quand le thérapeute dit à son patient de « se transporter dans un lieu de vacances », il n'a aucune idée de ce que peut être le lieu (bord de mer, chalet à la montagne ou ferme à la campagne...). L'idée est pourtant plus facilement acceptée que s'il avait fallu « imaginer être au bord de la mer ». Le sujet peut en effet détester le rivage ou garder un mauvais souvenir d'un de ses séjours au bord de la mer.

Les fixations les plus efficaces sont donc celles que le sujet contrôle personnellement. « Entrez en contact avec votre respiration », « Fixez un point imaginaire », « Imaginez le goût d'un fruit que vous aimez particulièrement » ou encore « Imaginez le parfum d'une fleur ». Les fixations peuvent également être externes et faire appel au « système VAKO » (Visuel, Auditif, Kinesthésique, Olfactif ou gustatif). Un des premiers points à repérer est le canal de communication privilégié du sujet, ce qui est très simple. Au cours de l'anamnèse, quand le sujet parle de sa vie, il est facile de noter s'il utilise plus facilement les verbes voir, sentir, entendre, ou s'il est plutôt kinesthésique et s'exprime à l'aide de gestes[4].

Les deux étapes de consentement et de fixation sont essentielles. Elles fonctionnent comme des clés qui ouvrent des portes. Très souvent, les sujets demandent que nous les aidions à accéder au niveau de perméabilité pour le travail de suggestion. Ils ont besoin que nous les aidions à traverser leurs propres défenses. Nous savons que les forteresses les plus redoutables possèdent toujours une porte dissimulée ou un souterrain prévu pour fuir en cas de siège. Si l'on trouve l'entrée avec l'aide du sujet, on peut pénétrer dans la place.

L'état perméable, ou transe, est un état de symbiose volontaire à trois niveaux :
— physique et corporel,
— psychologique et émotionnel,
— spirituel.

Cela nécessite de laisser le thérapeute piloter le système et l'être pendant un temps limité, dans un but précis.

Plus loin, lorsque nous décrirons la composition de l'exercice, nous utiliserons un autre terme pour désigner ces fixations : les inductions.

Procédures d'intervention
pour une personne somatisante

CONDITIONS PRÉALABLES

Le malade a une connaissance exacte du diagnostic de sa maladie, qui lui a été communiqué par son médecin traitant. Si un traitement ou une opération chirurgicale est déjà envisagé, il doit le savoir et en avoir discuté avec son équipe médicale traitante.

La personne suit un *traitement médical* reconnu comme tel, en parallèle à sa démarche de psychothérapie. Sans remettre en cause les aspects bénéfiques des médecines douces ou de certaines pratiques parallèles, il faut noter que lorsqu'elles excluent toute autre forme de médecine « classique », elles reflètent souvent une méconnaissance chez le malade ou sa famille de la gravité de la situation.

La thérapie de soutien est engagée à *la demande exclusive du malade*.

Ces trois points doivent être abordés dès le premier entretien en vue de clarifier les motivations et les attentes du patient et de vérifier qu'elles sont réalistes. Le malade peut ainsi faire le point et avoir une vision plus objective de son état de santé.

PROCÉDURES DE DÉBUT DE THÉRAPIE

Dès le premier rendez-vous, le patient est invité à lire deux ouvrages : *Guérir envers et contre tout* de Carl et Stéphanie Simonton et *Vous pouvez lutter pour votre vie* de Lawrence Le Shan.

Lors de ce premier contact, la personne est priée de s'installer confortablement, de trouver son espace. On peut ensuite l'inviter à décrire son histoire, sa vie.

Ceci abordé — même superficiellement — c'est le moment d'établir un contrat sur la structuration de la relation thérapeutique. Il faut fixer la fréquence des séances, le coût, l'éventualité d'absences. Cet aspect d'organisation sécurisera le malade qui comprendra que le processus est clairement défini et mis en place pour lui. C'est l'occasion pour les personnes qui n'ont jamais eu recours à une psychothérapie d'apprendre en quoi elle consiste. Un premier exercice — assez court — de visualisation va montrer l'influence des images mentales sur le corps.

Comme lors d'une rentrée des classes, on prescrira une liste d'accessoires : outre les ouvrages cités ci-dessus, un cahier de dessin, une boîte de craies grasses, deux cassettes vierges de 60 minutes.

Si l'on a encore le temps, on peut expliquer sommairement le travail sur le dessin. Le patient devra en effectuer deux chaque jour avant la prochaine séance. Outre les sujets libres, certains thèmes sont imposés : autoportrait, dessin de son corps, de la famille au temps présent, de la même famille lorsque le patient était enfant. Selon l'urgence, le rendez-vous est pris trois jours plus tard ou la semaine suivante. Les séances suivantes varieront selon l'évolution de chaque personne. La durée variera de 20 à 60 minutes. Il est possible d'alterner d'une séance à l'autre:

— un temps d'anamnèse
— un temps d'analyse des dessins
— un temps d'enregistrement d'un exercice de relaxation sur mesure
— un temps d'intégration et d'analyse du vécu de l'exercice de relaxation
— un temps de renforcement des ancrages à l'état de veille.

LE DESSIN

Nous verrons apparaître dans les dessins des éléments non résolus de la problématique, que nous appelons des *gestalts* réclamant clôture.

Il n'est jamais question d'interprétation de la part du thérapeute. La démarche consiste à laisser parler le patient.

Que disent les éléments du dessin? Que dit le dessin tout entier? Quels sont les points de ressemblance entre le dessin et le sujet (couleur des vêtements, dissymétrie du visage...) ?

Après accord du patient, le thérapeute peut commenter le dessin, faire part au client de ses réactions. Ce peut être un apport important pour le malade.

Il est essentiel de bien distinguer les différents niveaux:

• l'analyse — énumération des éléments et des faits dessinés
• l'émotion — les sensations que procure le dessin.

Il est important de rester à un niveau descriptif, sans entrer dans l'interprétation, en n'utilisant que les verbes voir, sentir, penser. La signification profonde va mûrir dans l'esprit du sujet. Il est encore trop tôt pour lui demander une analyse de son propre dessin.

Prenons l'exemple de Jean qui dessine sa tumeur et le traitement de chimiothérapie qu'il suit (schéma 11). Au premier regard, une impression de statisme apparaît. Voici le dialogue:

Thérapeute: « Quand j'observe ton dessin, je remarque cette forme à gauche qui ressemble à un haricot et huit petits trous, à droite. Je vois qu'ils ne sont pas en contact.

Jean — Le haricot, c'est ma tumeur. Elle est dans son coin. Les médicaments à droite, ils vont attaquer.

Th. — Quand j'observe ton dessin, je ressens un sentiment de solitude. Comme de la tristesse. »

Jean est prêt à pleurer. Il parle de sa solitude :
« Même au travail, je n'arrive pas à communiquer avec mes collègues. J'ai peur qu'ils me jouent un sale tour. S'attaquer en douce, c'est une spécialité maison.

Th. — Je comprends ce que tu ressens. C'est pénible de se sentir seul. »

Jean pleure doucement, puis reprend son crayon comme s'il voulait dessiner à nouveau, mais reste immobile, statique, comme son dessin. Le thérapeute l'interrompt :
« Quand je vois les médicaments d'un côté et la tumeur de l'autre, je me dis que les médicaments ne peuvent pas agir s'ils restent dans leur coin. »

Jean, pris de colère, s'adresse aux médicaments :
« Mettez-vous au boulot, vous me coûtez assez cher et puis vous avez mauvais goût. »

Il rajoute des petits cercles autour de la tumeur et commence à y indiquer des fissures. Le thérapeute l'interroge :
« Qu'est-ce qui se passe maintenant ?
— Ils ont attaqué et entament la tumeur. S'ils continuent régulièrement, ils finiront par en venir à bout. »

Cette courte séance, peut-être caricaturale, illustre comment la problématique de Jean se retrouve dans son dessin et dans sa maladie. Elle démontre comment sa colère peut

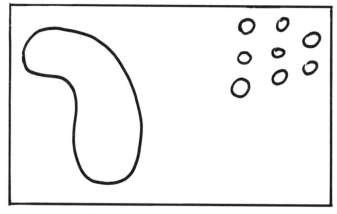

Schéma 11   Dessin de Jean

déclencher un processus de coopération entre le traitement et la maladie.

L'EXERCICE

Vous n'êtes jamais obligé de faire un exercice. Si au cours de l'exercice, vous ne vous sentez pas bien, il est préférable que vous vous arrêtiez en vous offrant des suggestions de reprises et en répétant : « Je respire profondément et je compte de 3 à 1. Quand je prononcerai le chiffre 1, mon esprit sera clair, reposé, détendu, prêt à affronter les tâches qu'il me reste à accomplir aujourd'hui. »

Le consentement est indispensable pour participer à l'exercice.

Quand faire les exercices ?

Le plus souvent possible : vous pouvez parfaitement vous suggestionner plusieurs fois par jour.

Dans un embouteillage, vous fermez les yeux et vous vous retrouvez dans un paysage familier. Il est bon de vous répéter mentalement de rester calme, de ne pas investir d'énergie pour un événement que vous ne pouvez pas contrôler ; de vous dire que vous profitez de ce moment pour en tirer quelque chose de créatif.

Ainsi, vous utilisez positivement un moment qui est donné, plutôt que de le vivre négativement en pensant que ce temps vous est volé. Les moments les plus profitables pour ce genre d'exercices sont le matin, avant le petit déjeuner et le soir, avant le dîner.

N'oubliez pas que chaque fois que vous entrez dans le sommeil ou que vous en sortez, vous traversez la zone de perméabilité et que vous pouvez vous donner des suggestions positives.

Tout exercice de relaxation amène une baisse du tonus musculaire, donc une baisse importante de la circulation sanguine et de la respiration qui vont provoquer une baisse de température. Prévoyez des vêtements chauds, une couverture. Cette baisse augmentera avec la durée de l'exercice.

Trente minutes de relaxation profonde produisent l'équivalent de cinq heures de sommeil. Si trop de relaxation dans la journée provoque des insomnies, n'en faites que le matin.

Les inductions

Tout exercice passera par une phase d'induction, même brève, qui permettra au sujet d'accéder à la zone de perméabilité.

L'induction étant essentiellement fondée sur l'utilisation des perceptions, il est nécessaire — pour un travail de groupe — de prévoir des inductions « couvrant » les différents canaux de communication (Visuel, Auditif, Kinesthésique, Olfactif).

Le thérapeute aura besoin d'une « check-list », d'une sorte de tableau de bord. Avant de commencer l'exercice, il vérifiera certains points:
— l'objectif;
— la relation opérateur/sujet;
— les protections;
— le mode de changement identifié;
— le canal de communication (visuel, auditif, kinesthésique, olfactif);
— la durée de l'exercice, la programmation et les suggestions à venir...

L'objectif Le sujet doit l'avoir clairement établi. Il doit savoir pourquoi il se lance dans un exercice et ce qu'il en attend concrètement. Il y a toujours une suggestion qui sous-tend le choix de l'exercice, ne serait-ce que celle de la détente momentanée.

La relation Le rapport relationnel entre le sujet et le thérapeute est fondamental et se retrouvera inévitablement dans le contenu des suggestions, comme dans leur résultat.

Le rapport qui s'établit entre le thérapeute et son sujet est une telle amplification des phénomènes de transfert qu'il est indispensable d'user d'une grande prudence. Nous retrouvons dans cette relation les incidences classiques du transfert et du contre-transfert, comme dans les relations hiérarchique, affective, amoureuse ou encore familiale qui peuvent associer un parent à un enfant ou un soignant à son patient. Un exercice entre deux individus d'une même famille, s'il est ponctuel et respecte la volonté du sujet, n'est pas dangereux. Mais s'il se répète régulièrement, on risque d'institutionnaliser la relation thérapeutique au détriment de la relation familiale. Dans tous les cas, il est préférable de pratiquer ces exercices avec une personne avec qui l'on entretient une relation contractuelle claire, sans interférences entre la vie émotionnelle, affective et la relation thérapeutique.

Le lieu   Le lieu choisi pour l'exercice fait lui-même partie de l'induction. Il faut choisir une protection, éviter les sonneries du téléphone ou l'entrée intempestive d'une tierce personne et veiller sur le confort.

Le choix est parfois limité. Une autoroute bruyante, une aire en plein vent auprès d'un accidenté n'excluent pas que l'on puisse avoir recours aux techniques de suggestion. Il est toujours possible d'utiliser positivement les stimulations « dérangeantes » de l'environnement. Pourtant, la démarche ne sera nullement comparable à celle d'une relation thérapeutique dans un lieu protégé.

La durée   Elle peut varier de quelques minutes à près d'une heure. Le choix de la durée se fera en fonction du développement du sujet et de la nécessité de l'imagerie. Il est plus rapide de se préparer à la réussite d'un examen en percevant une image de calme, de sérénité et en ressentant la joie du succès, que de se préparer physiquement à une épreuve sportive, telle une régate, car il faudra percevoir le vent et la mer, visualiser l'espace de l'embarcation et les diverses manœuvres. En moyenne, on compte toutefois vingt minutes pour un sujet peu entraîné.

La profondeur de la perméabilité   Certains sujets peuvent plonger en quelques secondes dans des zones très profondes. Cela ne porte pas préjudice aux résultats obtenus. L'inverse, en revanche, peut poser problème. Avant de commencer l'exercice, il est important que le thérapeute ait envisagé les moyens qu'il utilisera pour approfondir l'état de perméabilité de son patient, afin qu'il soit suffisant pour que la suggestion s'installe.

La protection spécifique   Les états modifiés de la conscience usant de processus de dissociation peuvent, en certaines circonstances, ne pas être appropriés. C'est particulièrement le cas pour certains états psychotiques, tels ceux des toxicomanes ou bien pour les structures de type schizoïde. Il est donc souhaitable d'éviter l'utilisation de ces techniques qui risquent de favoriser le délire et d'amplifier la perte de contact avec la réalité. Un thérapeute maîtrisant ces techniques et certain de la justesse de son diagnostic, peut toutefois aller rencontrer le sujet dans ses états pathologiques et induire le retour à une conscience saine avec des suggestions appropriées, structurantes, développant « l'enracinement » du sujet dans la réalité. Dans ce cas, l'induction sera courte et pourra se réduire à un signe sonore, comme le claquement des doigts, le contact physique du thérapeute ou bien celui d'un objet.

Il est essentiel, dans ce domaine, de ne pas fonctionner uniquement de manière théorique mais de faire confiance à l'intuition.

Certains états modifiés de la conscience — que nous avons appelés états perméables — peuvent se produire spontanément, sans qu'il soit nécessaire de passer par une induction. C'est le cas du passage de la veille au sommeil et, inversement, du sommeil à la veille. Il semblerait également que le fœtus *in utero* entre spontanément dans ces états modifiés de conscience, sans induction, et que cela se reproduise aux moments de la naissance, comme de l'agonie.

On distingue deux sortes d'inductions. Les premières sont volontaires et mobilisent la volonté du thérapeute et du sujet ; les autres sont moins désirées, telle « l'hypnose des autoroutes » où certains rythmes, sons et images peuvent induire spontanément l'état de transe, sans l'implication de la volonté du sujet. Un son, une musique, une odeur peuvent déclencher une régression et projeter une personne dans un temps passé où elle a déjà perçu les mêmes sensations. C'est la réminiscence. Il est essentiel que le thérapeute soit conscient des possibilités d'inductions involontaires qu'il peut déclencher lors de son investigation.

Toutes les inductions vont passer par les perceptions du système VAKO. Elles se situent dans le temps, en ce sens que nous vivons dans l'instant présent des perceptions déjà connues ailleurs et dans le passé. Ainsi, l'induction peut toucher le présent, être mémorisée et vécue dans le passé ou anticipée, se situant dans le futur.

L'association de ces différents éléments développe et augmente le phénomène de dissociation nécessaire à la mise entre parenthèses des fonctions rationnelles et du système critique conscient.

Certains sujets ne perçoivent pas les messages donnés dans l'induction. Ils ne « voient » ni les couleurs, ni le paysage, n'« entendent » ni les oiseaux, ni la mer, ni le bruit des pas, ne « ressentent » aucune caresse du vent et ne « respirent » aucun parfum, aucune odeur. Cela indique des canaux de communication insuffisamment développés et des zones de perception amputées. L'ouverture de ces portes d'accès verrouillées peut être considérée comme le but final de la cure.

La suggestion

Pour qu'une suggestion soit efficace, il faut qu'elle soit brève, directe, *toujours positive* : le subconscient sait additionner, mais ne sait pas soustraire. Elle doit également être au présent ou au futur.

Il est important de savoir que s'il veut donner une suggestion qui s'adresse au cerveau droit (la partie féminine de l'Être, plus intuitive, émotive, analogique), le thérapeute doit se placer du côté gauche de la personne, puisque les hémisphères sont croisés. Ainsi, par le canal de l'oreille gauche, le message se logera directement dans l'hémisphère droit. Inversement, un discours adressé au domaine du logique, du méthodologique, doit être adressé au côté droit de la personne, de manière à atteindre l'hémisphère gauche.

Les suggestions peuvent être faites à différents modes :

— à la première personne pour développer chez le sujet l'affirmation du Moi : « Je suis de plus en plus calme, à tel point que je vis mon prochain examen avec sérénité » ;
— à la deuxième personne pour donner un ordre direct au sujet. La phrase sera vécue comme une reconnaissance ou une directive. En termes d'Analyse Transactionnelle, cela correspond à une transaction Parent-Enfant** ;
— à la troisième personne, le discours sera perçu par le sujet comme si son environnement fantasmé s'adressait à lui.

Il existe différents modes de suggestion. Prenons l'exemple d'une difficulté d'écriture ; la suggestion peut être :

Directe : « Tu es en train d'écrire, apprécie comme les idées s'ordonnent et comme ta main les dépose sur le papier. »

Métaphorique : « Une pluie de pensées coule sur le sol, s'organise en un minuscule ruisseau qui écrit l'histoire de l'eau sur la terre. Cette histoire est la tienne, elle t'appartient. Tu peux la lire et la pluie avec toi continue à l'écrire. »

Indirecte : « Tu sais, certaines personnes écrivent avec facilité, d'autres choisissent de s'exprimer autrement. Ce qui est bien, c'est que *tu* choisis maintenant comment tu t'exprimes. »

Ouverte : « Peut-être que tu peux maintenant choisir ta forme d'expression, l'écriture peut-être ? Vois ce qui te convient. »

Fermée : « Chaque fois que tu tiens un stylo, un crayon, tu écris. »

Spécifique : « J'écris, tu écris, elle écrit. »

Générale : « Tu prends conscience que l'écriture est une forme d'expression. »

Paradoxale : « Il se peut que tu n'aies pas envie d'écrire et que tu écrives quand même, surtout si tu as un texte à rendre à ton professeur et que tu ne veux pas lui faire plaisir. »

Bloquante : « L'écriture est ton seul moyen d'expression. »

La suggestion d'**ancrage** que nous retrouvons dans les techniques de Programmation Neuro-Linguistiques associe une sensation à une activité suggérée : « Chaque fois que vous sentez le contact de votre stylo entre vos doigts, votre pensée s'organise et vous commencez à écrire. »
Il est indispensable de maîtriser le cadre de références du

sujet pour faire le choix de la suggestion. Il est évident que si vous donnez une suggestion très directive à un rebelle, vous allez accrocher sa principale défense. Si vous donnez une suggestion ouverte ou générale à quelqu'un dont la problématique réside dans la dépendance, vous n'obtiendrez aucun résultat.

Le symbolisme de la suggestion, son rythme, sa directivité, sa spécificité ou son éparpillement vont dépendre de la compétence du thérapeute. Il révèle une cosmologie inconsciente qui renseigne davantage sur la mentalité de l'opérateur que sur celle du sujet. Ainsi, le thérapeute doit nécessairement avoir vécu un processus complet de thérapie pour maîtriser toutes les suggestions transmises au sujet. Une psychothérapie n'étant jamais totalement terminée, l'opérateur peut ne pas avoir réglé la totalité de ses problèmes. L'important est qu'il en soit conscient, qu'il connaisse les zones obscures qui ne sont pas encore traitées et s'interdise de travailler dans ces domaines avec ses patients.

L'efficacité de la suggestion dépendra de la faculté de l'opérateur à entrer dans le cadre de références du sujet, de tout ce qui a pu organiser la personnalité et sa structure psychologique. La différence entre l'amateur et le professionnel ne se situera pas au niveau des connaissances de ce qu'il faut faire, mais de ce qu'il ne faut surtout pas faire. A travers la lecture corporelle, le thérapeute doit avoir une idée précise de la problématique centrale du sujet et appréhender les éléments autour desquels s'est organisée la croissance. Mais surtout, il doit repérer les zones d'ombre et les erreurs à ne pas commettre pour ne pas réactiver la problématique[5].

En règle générale, il est important de placer la suggestion là où l'on perçoit un manque. Il faut utiliser les ressources naturelles du patient découvertes lors du diagnostic. Il faut porter une attention particulière aux suggestions sensorielles, qu'il est indispensable de désactiver avant de faire sortir la personne de l'exercice. La suggestion : « A partir de maintenant, tous les sons extérieurs deviennent lointains, vous entendez ma voix et ma voix seule », peut présenter un risque considérable pour le sujet. Sur la voie publique, il peut, en effet, ne pas entendre le klaxon d'une voiture.

NOTES BIBLIOGRAPHIQUES

1. *L'arbre de vie* n° 1, Paris, septembre 1987.

2. Élisabeth Kübler-Ross, dans *Les derniers instants de la vie* (éditions Labor et Fides, Genève, 1975), démontre que ces étapes sont nécessaires au processus de deuil.

3. M. H. Erickson, *Experiencing Hypnosis*, E. Rossi, Irvington, N. Y., 1967.

4. Genie Laborde, *Influencer avec intégrité*, InterÉditions, Paris, 1987.

5. Vincent Lenhardt et M. Fourcade in *Analyse Transactionnelle et Bio-énergie* J.-P. Delarge éd., Retz, Paris, 1980 ; Ron Kurtz, *Hakomi Therapy*, Hakomi Institute, Boulder, États-Unis, 1983 ; Ron Kurtz et Hector Prestera, *Ce que le corps révèle*, Le Hameau, Paris, 1985.

En résumé

L'état de perméabilité que les sophrologues et praticiens de l'hypnose clinique appellent état altéré ou modifié de la conscience, consiste en la mise à l'écart partielle du libre arbitre au profit d'un pilote extérieur.

Cela correspond à abandonner le navire que vous êtes, avec son histoire, sa cargaison et son plan de route. Il est important de bien choisir le capitaine. La disparition de la barrière filtrante du libre arbitre, analyste de la réalité, va permettre de circuler librement dans le temps, d'accéder à la banque de données qu'est l'inconscient, de programmer des activités en fonction des ressources qui y sont emmagasinées, voire de créer de nouveaux programmes générateurs d'autres programmes. Comme si nous fabriquions des ordinateurs qui fabriqueraient d'autres ordinateurs. L'utilisation de ces techniques ne se fait pas sans précaution.

On observe parfois des effets secondaires négatifs qui peuvent être parapsychiques lorsqu'ils entraînent des hallucinations ou fantasmes, notamment chez les sujets psychotiques. On a également pu constater des cas de « contamination » entre le patient et l'opérateur par une multiplication ou une amplification du transfert[1] ou d'autres phénomènes d'épiscénario* causés par les aspects non traités de la problématique du thérapeute et transmis au sujet.

D'autres effets négatifs peuvent être constatés, comme :
— le développement de croyances magiques : le sujet peut penser qu'il suffit de faire une séance de visualisation pour que le monde change ;
— le phénomène de prise de contrôle et d'aliénation qui

* Épi-scénario : partie de scénario qu'un individu transmet inconsciemment à un autre qui le prend à son compte.

fabrique des personnes sous influence, notamment dans le
monde des sectes ;
— la déresponsabilisation : le sujet subit sa vie et considère
qu'il n'en est pas directement responsable.

A l'inverse, on constate que des états altérés de la conscience peuvent entraîner des conséquences extrêmement positives :
— la personne sera plus ancrée dans la réalité et aura une
conscience aiguë de ses fonctions parapsychiques. Elle
choisira, ou non, de les exploiter. Elle aura conscience du
poids de ses pensées sur sa perception du réel. Elle
choisira, dès lors, les influences qu'elle veut subir.
L'utilisation de ces états altérés de la conscience peut
permettre d'obtenir des résultats remarquables, notamment
dans la modification des perceptions sensorielles dans le cas
des anesthésies, dans la distorsion du temps lors d'opérations
chirurgicales, dans le traitement de problèmes sexuels (frigidi-
té ou éjaculation précoce par exemple), dans le traitement des
phobies (à la suite d'un accident ou d'un viol), dans le
conditionnement du succès ou la modification de fonctions
organiques (hypertension artérielle ou stimulation du système
immunitaire)...

NOTE BIBLIOGRAPHIQUE

1. Dr. G. R. Rager, *Hypnose, sophrologie et médecine*, Fayard, Paris,
1973, p. 33, le travail de Breuer avec Bretta Pappenheim.

DEUXIÈME PARTIE
Les exercices

Avertissement

En rassemblant tous les exercices qui suivent, il s'est avéré impossible de remonter jusqu'aux véritables auteurs ou créateurs de ces exercices. Les raisons sont multiples :

— Les symboles constituent un patrimoine collectif, et plusieurs personnes peuvent avoir les mêmes idées d'exercices autour du même symbole.
— Les animateurs de séminaires empruntent fréquemment des exercices, et omettent malheureusement souvent de nommer leur auteur.

Devant ces difficultés, nous avons choisi de citer en fin d'ouvrage les sources principales (auteurs et séminaires) qui ont permis à l'auteur de rassembler la matière de cette partie. Cette démarche présente l'avantage d'éviter les erreurs d'attribution, plus fâcheuses encore que les omissions.

Si un auteur découvre ici un exercice dont il revendique la paternité et qu'il n'est pas cité dans les sources, qu'il se fasse connaître : nous ne manquerons pas de corriger cette ommission dans la prochaine édition.

Sauf indication spécifique, tous ces exercices nécessitent une induction préalable, dont vous trouverez des modèles de la page 107 à la page 127. Les indications destinées à celui qui fait pratiquer l'exercice sont imprimées en italique. Le lecteur remarquera que nous utilisons, afin d'accentuer encore l'impact des exercices, la forme syntaxique « laissez-vous voir », « laissez-vous sentir », etc. Qu'il nous pardonne cet abus de langage.

N.B. : Certains exercices publiés dans cet ouvrage sont également disponibles sur cassette audio (*Musclez votre mémoire*, éditions Didakhè — 256, rue Marcadet — 75018 Paris).

Conseils pour faire les exercices

Rappelez-vous qu'il n'est pas souhaitable de pratiquer la relaxation-visualisation lorsque l'on ne le désire pas et qu'il est toujours possible de sortir d'un exercice qui vous déplaît en vous donnant des suggestions de « reprise ».

En tout état de cause, ne pratiquez ces techniques que si vous êtes prêts à assumer la responsabilité de ce que vous découvrirez.

Il est évident que si vous choisissez d'entreprendre une démarche thérapeutique, il vous faudra choisir avec soin la personne qui vous guidera ou votre thérapeute[1].

— Installez-vous, confortablement allongé sur le sol ou dans un fauteuil qui soutient bien votre dos. Prenez toutes les précautions nécessaires pour ne pas être dérangé en cours d'exercice, ce qui est très désagréable.

La meilleure position est souvent les bras de long du corps, les jambes dans le prolongement du bassin.

— Évitez d'utiliser votre lit, sauf pour les exercices destinés à améliorer le sommeil. Il risque de se produire un réflexe conditionné qui vous ferait vous endormir à tout exercice de visualisation.

— Au début, la formule la plus commode consiste à enregistrer les exercices sur cassette avec votre propre voix, ainsi vous vous parlez à vous-même. Vous souhaitez peut-être passer du vouvoiement au tutoiement. Par la suite, vous pourrez faire les exercices de mémoire, sans cassette.

Les ★ donnent le rythme, une ★ correspondant à un cycle complet inspiration/expiration.

— Un exercice complet comprend:

— Une *induction* pour atteindre l'état de perméabilité : vous trouverez de la page 107 à la page 129 différents types d'induction selon les canaux de communication sensoriels.

— Une partie *suggestion* qui est le corps de l'exercice proprement dit : vous en trouverez des exemples de la page 133 à la page 232. Il existe, bien sûr, autant d'exercices que de résultats souhaités. Les meilleurs exercices seront bien sûr ceux faits « sur mesure ».

— Une *reprise* pour le retour à la tonicité (voir page 131).

Un exercice de visualisation, pour fonctionner, doit remplir certaines conditions qui se résument en sept règles simples.

NOTE BIBLIOGRAPHIQUE

1. Marie-Louise Pierson, *Le guide des psychothérapies*, MA Éditions, Paris, 1988.

Les règles d'or d'un bon programme

I — *Désirer* le but final du programme.

II — *Croire* à la finalité du programme.

III — *Anticiper* le résultat du programme, c'est-à-dire considérer le but du programme comme étant atteint sans se soucier des *moyens* pour l'atteindre.

IV — *Formuler* le programme d'une manière affirmative, éviter les négations.

V — *Utiliser* les éléments sur lesquels nous avons une maîtrise personnelle.

VI — *Se réjouir* émotivement du résultat.

VII — *Visualiser* le résultat dans toutes ses conséquences.

Inductions visuelles

LE POINT

Ce type d'induction peut être utilisé seul ou avec un « signe-signal ».

Imaginez qu'à la racine de votre nez, entre vos sourcils, il y a un point.★ A l'endroit où les Hindous se mettent une petite tache de rouge.★ Faites converger votre regard vers ce point.★★ Je vais compter de 1 à 5.★★★ Et seulement quand j'aurai atteint le chiffre 5, vous pourrez plonger très profondément dans un état de relaxation très profond.★★★

(C'est volontairement qu'il y a répétition du mot profond. « Quand j'aurai atteint le chiffre 5 » devient le signe-signal.)

1 — Concentrez votre regard, vous voyez ce point et ce point seulement.★★★
Ce point.★★
2 — Concentrez-vous. Vous voyez ce point et ce point seulement.★★
Même si cela est difficile, vous fixez ce point.★★
3 — Fixez bien ce point.★★
Peut-être ressentez-vous une légère fatigue.★★
Vous fixez ce point.★★
Ce point.★★
4 — Continuez à bien fixer ce point. Vous voyez ce point et ce point seulement.★★★

5 — Vous relâchez l'attention et vous plongez très profondément, très profondément dans cet état de relaxation que vous recherchez, tout à fait en sécurité.******
Prenez le temps d'apprécier et de goûter les sensations agréables que vous ressentez.*****

L'ARC-EN-CIEL

La symbolique des couleurs est une induction très puissante qui, en même temps, fournira des informations sur le cadre de références du sujet.

Pour approfondir votre état de relaxation, je vous propose de visualiser les couleurs de l'arc-en-ciel.**
Chaque couleur va vous entraîner dans un état plus profond.** Si vous avez des difficultés pour voir les couleurs, cela n'a pas d'importance *(suggestion paradoxale)* ; il vous suffira de les nommer.** Pour qu'instantanément vous plongiez dans un état plus profond.***
En commençant par le rouge.***
Un très beau rouge.**
Rouge comme un fruit, une fleur peut-être.***
Laissez s'installer cette couleur dans votre regard intérieur.***
Le rouge.***
La couleur orange, un orange radieux, dynamique.****
Et si votre esprit s'égare, ramenez-le sans violence à la couleur orange.***
Orange.***
Le jaune.***
Un jaune lumineux.***
Jaune comme le soleil.**
Laissez-vous sentir la chaleur du soleil sur votre plexus solaire.*****
(Induction kinesthésique favorisant la relaxation et la vasodilatation.)
Votre plexus solaire est chaud, agréablement chaud.***
Comme une fontaine de chaleur.***

Laisser circuler cette chaleur dans tout votre corps.★★★
Et particulièrement dans les parties qui ont besoin d'être aimées, soignées.★★★★★
(*Suggestion kinesthésique développant le schéma corporel et invitant le sujet à prendre soin de lui.*)
Le jaune.★★★
Le vert.★★★
Vert comme une immense prairie au soleil.★★★★
Vert.★★★★
Le bleu, un bleu profond, un très beau bleu.★★★★
Bleu.★★★★
Et enfin le violet.★★★
Un violet harmonieux.★★★★
Avec le violet, vient votre état le plus profond.★★★★
Le violet.★★★
Prenez quelques instants pour apprécier et goûter toutes les sensations agréables dans votre corps.★★★

LE POINT RÉEL OU IMAGINAIRE

Fixez une gommette au plafond ou sur le mur de la pièce ou proposez au sujet d'imaginer qu'il y a un point.

Concentrez votre attention sur ce point au plafond. (Ou sur ce point imaginaire au plafond.) Vous regardez ce point.★★★
Plus vous concentrez votre attention sur ce point, plus vous sentez votre corps se relaxer.★★★★
Une sensation douce et agréable.★★★
Votre respiration est lente.★★
Calme.★★
Régulière.★★
Comme le flux et le reflux de la mer.★★★
Vos paupières deviennent lourdes.★★
Agréablement lourdes.★★
A tel point que vous ressentez du plaisir à les fermer.★★★
Prenez quelques instants pour apprécier ce calme et toutes les vibrations dans votre espace intérieur.★★★★

Inductions auditives

Cela consiste à se fixer sur un son qui dure. Pendant que le sujet entend ce son (réel ou imaginaire) est associée la suggestion de relaxation et d'accès au niveau de perméabilité. Tous les sons peuvent être utilisés. Les plus simples sont ceux de la pendule, de l'oiseau qui chante, de la pluie sur le toit mais aussi le claquement des doigts, les coups de marteau de l'ouvrier qui travaille au loin. Personnellement, nous aimons bien utiliser le son décroissant du bol tibétain.

LE SOUPIR

Mettez-vous à l'écoute du son de l'air à l'expiration d'un soupir.★★
Maintenez ce son dans votre oreille.★★
Et plus vous entendez ce son, plus vous vous relaxez.★
Il se peut que le bruit de l'air à l'inspiration dure plus longtemps qu'à l'expiration. *(Suggestion de confusion.)* Plus vous êtes à l'écoute de votre respiration, plus vous vous relaxez.★★★★★

CLAQUEMENT DE DOIGTS

Je vais compter de 1 à 3, vous entendrez le claquement de mes doigts. Il vous suffira de faire durer ce son pour plonger

instantanément dans un état de relaxation très profond. Un
état que vous connaissez.★★★

1 : ★
2 : ★
3 : ★

(Claquement de doigts)

Plongez très profondément maintenant.★★★★★★

*Il est donc possible d'induire avec les sons. Mais on peut aussi
utiliser une telle induction pour faire disparaître les sons ! Par
exemple :*

« Vous entendez le bruit de la moto qui passe.★★

A partir de maintenant, elle passe★, mais c'est sans importance... tous les sons et les bruits de la circulation s'éloignent
de plus en plus »★★★★ *ou au contraire pour les faire résonner à
nouveau.*

« A partir de maintenant, tous les sons et les bruits extérieurs à l'exercice participent à votre état de relaxation, et
plus il y en aura, plus vous pourrez les utiliser pour plonger de
plus en plus profondément dans cet état que vous connaissez
bien et que vous recherchez.★★★★

A partir de maintenant, vous entendez ma voix et ma voix
seulement. »

Inductions
kinesthésiques

Ces types d'induction sont particulièrement efficaces. Ils font référence à une perception très concrète et en même temps à une réalité individuelle car le sujet seul peut les percevoir. D'autre part, la plupart des personnes peuvent les percevoir, à l'exception des tétraplégiques bien entendu.

INDUCTION KINESTHÉSIQUE N° 1

Pour vous permettre d'approfondir cet état de relaxation, je vous propose de prendre conscience des points de contact de votre corps avec le sol.★★★
En commençant par la tête.★★
Prenez conscience de vos cheveux.★
Comme si vous pouviez être présent dans chacun d'eux.★★
Placez toute votre attention dans votre tête.★★
Prenez conscience de votre front, large et lisse.★★
Prenez conscience des muscles autour de vos yeux.★
A tel point que vous pouvez laisser les yeux reposer dans les orbites, comme deux petits cailloux blancs.★★
Vous prenez conscience maintenant des muscles de votre mâchoire.

Vous pouvez relâcher toute tension. Prenez conscience de votre langue.★★

Ainsi vous pouvez vous détendre, desserrer les muscles de votre mâchoire et laisser à votre langue toute la place dont elle a besoin dans votre bouche.★★

Ainsi vous laissez un sourire tout à fait naturel s'inscrire sur votre visage.★★★

Prenez conscience de votre nuque, de votre cou qui restent souples, agréablement souples.★★★

Vous prenez conscience de vos épaules, et vous les laissez se prolonger tout au long de vos bras jusqu'au bout de vos doigts.★★

Laissez-vous sentir le contact au bout de vos doigts.★★

Vous prenez conscience de votre colonne vertébrale depuis la base de votre crâne jusqu'à la pointe extrême de votre coccyx.★★★

Laissez-la se dérouler vertèbre par vertèbre, se déposer.★★★★★

Vous prenez maintenant conscience de toute la surface de votre dos qui est déposé. Vous le sentez s'élargir, s'étaler.★★★

Comme si votre dos voulait marquer son empreinte dans le sol.★★★

Prenez conscience de votre bassin.★★

De la masse musculaire de vos cuisses.★★★

De vos genoux.★

De vos mollets.★★

De vos talons.★★★

Laissez-vous percevoir toutes les sensations agréables dans votre corps. Vous pouvez imaginer le poids de votre corps sur le sol.

INDUCTION KINESTHÉSIQUE N° 2 RESPIRER PAR DIFFÉRENTES PARTIES DU CORPS

Cette induction est très complète et très profonde. Elle développe le schéma corporel d'une manière interne et externe. A elle seule elle est un exercice en ce sens que l'on peut

*donner une suggestion de santé, de bien-être à la fin et revenir
à la tonicité.*

*Elle est particulièrement bien appropriée pour les jeunes, les
sportifs, les personnes qui ont des problèmes somatiques.*

*Elle peut être agrémentée de sensations de chaleur, de
visualisation de l'énergie circulant dans le corps sous forme
d'une lumière.*

*Elle est très stimulante et peut entraîner un état de relaxation
très profond.*

*Elle est sans doute plus appropriée pour un début de cure et
peut permettre d'ancrer le souvenir des sensations de transe
utilisables pour d'autres exercices en les réactivant par la
suggestion: « Laissez revenir maintenant le souvenir des
sensations de relaxation des exercices précédents. »*

Installez-vous confortablement.**

Les bras le long du corps, les jambes dans le prolongement
du bassin.***

Prenez conscience de votre respiration.**

De ce va-et-vient régulier, de votre ventre qui monte et qui
descend.***

Très rapidement vous prenez conscience de deux petits
anneaux de fraîcheur autour de vos narines.***

A l'endroit où l'air entre dans votre corps.**

Si vous le voulez, vous pouvez vous laisser imaginer cet air
qui entre par vos narines sous forme d'une lumière.***

Et à chaque inspiration, vous pouvez le suivre plus avant.**

Visualisez la partie de votre corps où cet air passe.**

Dans votre gorge.**

Dans vos bronches.**

Comme si vous pouviez respirer directement avec vos
bronches.**

Avec les bronchioles qui sont comme de petites
branches.***

Vous suivez cet air dans chacune des alvéoles pulmonaires.**

Prenez conscience de ces petites alvéoles très sensibles, très
pures, là où se fait l'échange vital de cet air que vous respirez
avec votre sang.***

Vous pouvez maintenant respirer par différentes parties de
votre corps.

Imaginez que vous respirez par votre front.★★

Par votre oreille droite ; vous sentez l'air sortir à travers cette oreille.★★

Puis votre oreille gauche.★★

Respirez par l'ensemble de votre nez.★★

Respirez par vos yeux.★★

Le droit.★★

Puis le gauche.★★

Par votre lèvre supérieure.★★

Par votre lèvre inférieure.★★

Respirez par votre gorge.★★

Respirez par votre épaule droite.★★

Puis la gauche.★★

Respirez par votre bras droit.★★★

Et laissez l'air couler le long de votre bras et sortir entre vos doigts, comme si vous faisiez couler du sable ou de l'eau.★★★

Respirez par chacun de vos doigts, et à l'expiration vous sentez bien cet air qui circule dans votre bras et qui sort par le bout de vos doigts.★★★

Respirez par votre bras gauche.★★★

Par chacun de vos doigts.★★★

Respirez par votre poitrine.★★

Par votre sein droit.★★

Puis le gauche.★★

Respirez par votre nombril.★★★

Puis par votre jambe droite.★★★

Et à chaque expiration vous sentez l'air qui suit toute une zone énergétique pour sortir par le dessus de votre pied ou entre vos orteils.★★★★

Respirez par le dessus de votre pied.★★★

Par votre talon.★★★

Respirez par la plante de votre pied.★★

Respirez par la jambe gauche.★★★

Par votre pied gauche.★★

Respirez par chacun de vos orteils, des deux pieds à la fois.★★★

Respirez par la fesse droite.★★★

Par la fesse gauche.★★★

Respirez par votre cœur.★★★

Respirez par votre foie et visualisez votre foie.★★★

Par votre rate et même si vous ne l'avez jamais vue, laissez-vous imaginer comment elle est.★★★

Respirez par votre pancréas.★★★

Respirez par votre intestin grêle — le plus long — et prenez le temps de sentir l'air passer dans tous les tournants.★★★★★

Respirez par votre gros intestin et visualisez-le.★★★

Respirez par votre rein droit.★★★

Par votre rein gauche ; respirez par tout votre système urinaire.★★★

Respirez par vos organes génitaux internes.★★★

Externes.★★★

Respirez avec tout votre système sanguin.★★★★★

Respirez avec votre système lymphatique et visualisez-le.★★★★★

Respirez avec votre cerveau droit.★★★

Avec le gauche.★★★

Respirez avec tout votre système nerveux.★★★★★

Respirez avec vos os, votre squelette.★★★★★

Respirez avec votre peau.★★★★★

Prenez quelques instants maintenant pour apprécier la qualité de votre état de relaxation et pour ressentir toute votre unité.★★★★★

INDUCTION KINESTHÉSIQUE N° 3 L'UTILISATION D'UNE TENSION

Installez-vous confortablement, les bras le long du corps, les jambes dans le prolongement du bassin.★★★

Quand vous le voulez, fermez les yeux.★★★

Laissez-vous entrer en contact avec une tension dans votre corps.★★★★★

Laissez-vous imaginer sa forme.★★★

Et si vous le souhaitez, donnez-lui une image.★★★

Cela peut être un nœud.★★★

Une pince.★★

Ou quelque autre forme que vous souhaitez.★★★

Alors que vous l'avez bien identifiée.★★★

Augmentez-la.★★★★

Sentez l'augmentation de tension.★★★

Si vous le voulez, maintenant, imaginez que vous pouvez dénouer ou desserrer ce nœud ou cet outil.★★★★
Puis laissez venir la sensation de bien-être.★★★★
Laissez-vous chevaucher cette sensation de bien-être.★★★
Et elle vous entraîne très profondément à l'intérieur de vous-même.★★★★
Prenez quelques instants pour goûter, apprécier les sensations agréables dans votre corps libre de tensions.★★★★★

INDUCTION KINESTHÉSIQUE N° 4
INDUCTION PAR CONTRACTION

Prenez le temps de contracter tous les muscles de votre visage et de serrer, de tendre tous les muscles de votre corps.★★
Faites la grimace, contractez-vous bien.★★
Encore plus fort.★★
Relâchez-vous et laissez-vous sentir cette sensation de bien-être très profond et cette relaxation.★★★★★
Recommencez à nouveau, contractez tout. Encore plus fort!★★★
Et relâchez-vous. C'est bien.★
Une dernière fois en retenant votre respiration. Vous inspirez. Vous bloquez, vous contractez au maximum. Contractez, contractez!★★
Lâchez et plongez très profondément maintenant à l'intérieur de vous-même dans un corps tout à fait libre, relaxé, détendu.★★★★
Déposez-vous.★
Reposez-vous.
Vous laissez votre corps maintenant, comme s'il flottait sur un tapis.

INDUCTION KINESTHÉSIQUE N° 5

Prenez conscience de votre respiration.★★
De ce va-et-vient tout à fait sécurisant.★★

De votre ventre, de votre poitrine qui montent et qui descendent.★★★
A chaque expiration, laissez-vous tomber sur le sol.★★★
Comme si vous vouliez marquer votre empreinte.★★★★
Et à chaque expiration, vous pesez plus lourd.★★★
Sensation très douce, très agréable.★★★
Prenez conscience de votre plexus solaire.★★★
Votre plexus solaire est chaud.★★
Agréablement chaud.★★
Comme une fontaine de chaleur.★★
Faites circuler cette chaleur dans tout votre corps.★★★

INDUCTION VISUELLE
ET KINESTHÉSIQUE : LA MAIN

Fixez votre attention sur votre bras droit.★★
Laissez-vous voir la couleur des vêtements que vous portez et descendez jusqu'au poignet.★★★
Prenez conscience de l'endroit où s'arrête le vêtement.★★
Et où la peau de votre main est nue.★★★
Prenez conscience de tous les petits poils.★★
Des petits cils de votre peau.★★★
Puis, prenez conscience de votre petit doigt.★★
Des endroits où il se plie.★★
Et faites cela avec chacun de vos doigts. Vous les voyez très en détail.★★★
Vous sentez l'endroit où poussent les ongles.★★
Prenez conscience de votre pouce.★★★
Sentez toutes les sensations dans ce bras.★★★
Et comparez-les maintenant avec le bras gauche.★★★
Quel est celui que vous sentez le mieux ?★★
Cette relaxation que vous sentez dans votre bras.★★
Vous pouvez la faire circuler dans tout votre corps.★★★

DESSINER SON CORPS

Imaginez que sous votre bras, vous avez un crayon, juste au pli de l'aisselle.★★

Et qu'avec ce crayon, vous allez dessiner votre corps.**

Commencez à descendre sur la partie intérieure de votre bras.**

Jusqu'au pli de votre coude.**

Prenez le temps de dessiner les petits plis.**

Tous les petits poils, le duvet qu'il y a, et de votre coude vous descendez jusqu'à votre poignet, à la naissance du pouce.***

Prenez le temps de dessiner votre main, doigt par doigt, en rentrant bien entre les doigts.**

Vous arrivez maintenant au bord extérieur du petit doigt.***

Remontez vers le coude par la partie extérieure du bras.**

Vers l'épaule.**

Maintenant vous remontez le long du cou vers l'oreille.***

Prenez le temps de dessiner le pavillon de l'oreille.***

Puis vos cheveux jusqu'à l'oreille gauche.***

Vous descendez le long de votre cou jusqu'à votre épaule.**

Puis jusqu'à votre coude.**

De votre coude jusqu'à votre poignet.**

Et par le bord extérieur de votre petit doigt, vous commencez à dessiner votre main en rentrant bien entre vos doigts.****

Quand vous arrivez à l'extérieur du pouce, vous remontez progressivement vers votre coude.**

Le dessous de votre bras.**

Et vous commencez à descendre le long de votre poitrine jusqu'au bord de votre hanche.***

De votre hanche vers votre genou.**

De votre genou vers votre mollet.***

Dessinez maintenant votre pied gauche avec chacun des orteils.***

Vous pouvez commencer à remonter de l'intérieur de la jambe.***

Jusqu'à votre genou.**

Prenez le temps de dessiner vos organes génitaux.***

Et de redescendre par l'intérieur de la jambe droite vers votre genou.***

Votre pied droit. C'est bien.**

Vous dessinez bien vos orteils et vous remontez par le bord extérieur de la jambe en direction du genou.**

Jusqu'au bord de la hanche.★★★
Et du bord de la hanche jusqu'au dessous du bras droit.★★
Prenez quelques instants pour bien sentir vos frontières,
vos limites.★★★★
C'est bien. Maintenant vous prenez le temps de dessiner les
sourcils, les yeux, le nez.★★★
La bouche.★★
Votre poitrine.★★
Votre nombril.★★
Prenez le temps de contempler si votre dessin est complet.
Voyez ce qui peut manquer, ce que vous avez envie d'ajouter.
S'il y a des parties qui sont moins nettes que d'autres.
C'est bien. Prenez conscience de votre unité.★★★
De comment ces parties sont rattachées les unes aux autres
et forment un tout.★★★
Maintenant que vous avez bien reconnu votre corps.★★
Prenez le temps de sentir toutes les sensations agréables de
ce corps.★★★★

LE TAPIS

*Induction très simple, particulièrement appropriée pour les
enfants. Elle peut être améliorée en utilisant un tapis de
couleur avec des dessins que vous faites regarder à l'enfant
avant. Vous l'intéressez aux dessins, aux couleurs pour qu'il
les mémorise. Et vous invitez l'enfant à s'allonger sur ce
tapis.*

Installez-vous tranquillement sur ce tapis et prenez quel-
ques instants pour voir à quel endroit vous placez vos mains,
vos bras, vos jambes, votre tête, sur les dessins du tapis.★★★
Une fois que vous êtes complètement installé, regardant
vers le plafond les yeux ouverts, imaginez quelques ins-
tants.★★
La surface que votre corps cache du tapis.★★★
Quand vous voulez, vous fermez les yeux.★★★
Imaginez le tapis.★★
Imaginez les morceaux du tapis que l'on peut voir.★★★

Et les dessins qui sont couverts par votre corps.★★★
Commencez par la tête.★★

(Quelquefois, il est approprié de toucher l'enfant en nommant les différentes parties de son corps donc, de toucher sa tête, de toucher son bras, ses jambes, ses pieds, de manière à augmenter son schéma corporel.)

Le bras droit.★★
Le bras gauche.★★
Le ventre.★★
La jambe droite.★★
Le pied droit.★★
Le pied gauche.★★
Ressentez votre corps reposé sur le tapis, tout à fait en sécurité.★★★

Inductions olfactives et gustatives

LA FLEUR

Imaginez que vous tenez dans votre main une fleur.★★★
C'est une fleur que vous aimez.★★
Prenez le temps de sentir sa tige entre vos doigts.★★★
D'apprécier sa texture.★★
Sa couleur.★★
Laissez cette fleur toucher votre joue.★★
Et maintenant, sentez la fleur.★★★
Laissez son parfum envahir votre nez.★★★
Plus vous sentez ce parfum, plus vous vous détendez.★★★
A tel point qu'il vous suffit de sentir ce parfum pour plonger dans un état très profond.★★★
Ce parfum.★★★

LE CAFÉ OU LE PAIN GRILLÉ

Laissez-vous aller.
Imaginez que vous êtes chez vous.★★
Tranquillement installé dans votre fauteuil préféré.★★
Dans la pièce où vous vous tenez habituellement.★★
De la cuisine vous arrive l'odeur du café.★★★
Une odeur que vous connaissez bien. Peut-être que se mêle à cette odeur l'odeur du pain grillé, une odeur de petit déjeuner. Si cette odeur est agréable pour vous, permettez-vous de la sentir maintenant.★★★★

Et alors que vous sentez cette odeur, que les images s'associent librement.★★★

Laissez-vous sentir la relaxation. C'est un état de relaxation très doux, très agréable, très profond.

LE GOÛT DU SEL

Prenez conscience de votre bouche.★★

De vos lèvres.★★

Imaginez que vous êtes au bord de la mer, que lorsque vous passez votre langue sur vos lèvres, vous sentez le goût du sel.★★★★

Toute votre attention est concentrée sur ce goût du sel. Sensation très agréable et très surprenante, d'autant plus qu'ici il n'y a pas de sel.★★★

C'est vraiment extraordinaire que vous puissiez ressentir ces sensations quand vous le souhaitez.★★★

Le goût du sel.★★★

LE CITRON

Cette induction est en elle-même un petit exercice très pratique pour faire prendre conscience au sujet de l'effet de ses pensées sur sa vie biologique et sur son corps.

Il s'agit d'induire la sensation du goût du citron qui provoquera le réflexe salivaire.

Il sera alors simple de faire remarquer au sujet que le fait de penser au citron fait fonctionner ses glandes salivaires alors qu'il n'y a pas de citron dans la pièce.

Transportez-vous dans votre cuisine.★★

Laissez-vous voir ce lieu.★★

Prenez le temps de voir la taille de cette pièce, l'atmosphère qui y règne.★★

Peut-être est-ce en ordre.★★★

Peut-être qu'il reste de la vaisselle de la veille.★

Regardez maintenant le réfrigérateur.★★

Vous voyez très nettement sa forme, sa taille ; peut-être qu'il y a des messages collés dessus ou des auto-collants.***

Mettez la main sur la poignée du réfrigérateur et sentez le contact froid du métal. Imaginez que vous ouvrez la porte. Vous faites un léger effort et cette porte s'ouvre. Il sort une sensation de fraîcheur de cet appareil. Prenez le temps de voir tout ce qui est dedans.****

Devant vous, sur une étagère.*

Il y a un citron.**

Prenez-le dans votre main.*

Et refermez le réfrigérateur.*

Alors que vous le tenez dans votre main, prenez le temps de le serrer pour apprécier sa consistance.**

Vous sentez son poids.**

Approchez-le de vos yeux pour remplir votre regard de ce jaune, un très beau jaune.**

Approchez-le de votre nez et sentez l'essence de l'écorce de citron.**

Maintenant, faites-le rouler sur le bord de la table pour le rendre un peu plus juteux.**

Prenez un couteau pour le couper en deux.**

Prenez une moitié de citron et laissez-vous comparer les nuances de sa pulpe. Il y a une petite goutte de jus qui se forme.*

Sentez son parfum, un parfum acide, frais.***

Sa surface est brillante.*

Je vous propose maintenant de presser cette moitié de citron dans votre bouche.****

Laissez-vous sentir son jus acide, frais, couler sur et sous votre langue.****

Acide et frais.**

Progressivement, laissez-vous avaler ces quelques gouttes de jus de citron. Sentez les réactions dans votre bouche, le goût que cela donne à vos dents.***

Et alors que vous l'avalez, vous sentez ce jus couler dans votre bouche, dans votre gorge ; sensation très agréable de ce jus de citron frais, acide.***

Pendant que vous faites cela, laissez-vous ressentir toutes les sensations agréables dans votre bouche.***

Quand vous ouvrirez les yeux, votre esprit sera clair,

reposé, détendu et vous serez prêt à faire face à toutes les tâches qu'il vous reste à accomplir aujourd'hui. Vous êtes heureux d'avoir acquis une connaissance supplémentaire sur votre fonctionnement interne.

Vous avez certainement remarqué que beaucoup d'inductions utilisaient plusieurs canaux à la fois et n'étaient pas uniquement visuelles, auditives, kinesthésiques, olfactives.
Les bonnes inductions couvrent ces différents canaux de communication que vous pouvez librement associer les uns aux autres.
Un exemple classique de pot-pourri est l'induction de l'escalier.

L'ESCALIER

Transportez-vous en haut d'un escalier que vous connaissez.★★

Un escalier réel ou imaginaire, cela n'a pas d'importance.★★

Prenez conscience de l'espace.★★

Et si vous le voulez, sentez le contact de la rampe dans votre main.★★

Vous allez descendre cet escalier.★★

A chaque marche.★

A chaque marche, vous allez sentir votre corps descendre.★★

Descendre plus profondément vers cet état de relaxation que vous recherchez.★★★

C'est un escalier de dix marches. Je vais compter pour vous les marches et vous pourrez entendre le bruit de vos pas à chaque marche que vous descendrez. Il flotte dans l'air une odeur tout à fait particulière à cette maison, à ce lieu. Une odeur que vous pouvez reconnaître. Ce peut être le parfum du feu de bois.★★★★

Ou d'un repas qui se prépare.★★

Ou tout autre parfum que vous aimez.★★

Peut-être que dans l'air flotte aussi une musique, une voix.★★★

Tout cela est sécurisant.★★★★

Je vais maintenant compter pour vous les marches et à chaque marche vous vous verrez, vous vous entendrez, vous vous sentirez descendre tout à fait en sécurité vers cet état que vous recherchez.★★★

9 — Profondément.★

8 — Laissez-vous descendre et sentir.★

7.★

6 — Profondément.★

5.★

4.★

3 — A chaque pas, vous sentez votre corps peser sur la marche suivante.★★

2.★

1 — Profondément maintenant.★

0 — Prenez quelques instants pour apprécier, pour goûter toutes les sensations agréables dans votre corps.★★★

Prenez conscience que cet état de relaxation est dû à votre propre concentration.★★★

L'INDUCTION POIGNÉE DE MAIN

Cette induction est particulièrement efficace et rapide et peut être utilisée dans une situation médicale où le contact physique est implicitement accepté.

Elle peut, dans un délai extrêmement court, entraîner la personne dans un état très profond.

Son utilisation répétée augmentera encore son efficacité.

Le thérapeute place sa main gauche au-dessus des cheveux du sujet en tendant le pouce, de manière que le pouce vienne se situer un peu au-dessus de la racine du nez, à l'endroit où les Hindous se font une petite tache de rouge (le troisième œil). La main droite du thérapeute tient la main droite du sujet, comme s'il lui disait bonjour, la tenant légèrement levée. Le sujet est en position allongée.

Je place ma main sur votre front. Fixez bien mon pouce avec votre regard (le sujet fait converger ses yeux en haut et au centre).★★★

Mon pouce va descendre le long de votre visage, quand il arrivera sous votre menton, vous pourrez fermer les yeux et plonger dans un état de relaxation très profond★. Suivez mon pouce. Fixez bien mon pouce.★★★

> *La main droite et la main gauche du thérapeute descendent en même temps. La main gauche passe au-dessus de tout le visage, le pouce au-dessus du nez pour aller se placer en-dessous du menton du sujet lorsque le pouce arrive sous le menton, le message : « Vous pouvez fermer les yeux maintenant » est donné en même temps que la main droite du sujet est déposée sur le sol.*

Concentrez maintenant toute votre attention sur les muscles autour de vos yeux.★★★

Vous pensez aux muscles autour de vos yeux et aux muscles autour de vos yeux seulement.★ A tel point que vos paupières sont tout à fait détendues, relaxées.★★

Au point que vous ne pouvez plus les ouvrir, elles sont comme collées.★★

Vérifiez que vous ne pouvez plus les ouvrir. Quand vous avez vérifié que vous ne pouvez plus les ouvrir, envoyez cette relaxation que vous avez autour de vos yeux jusqu'à la pointe extrême de vos orteils.★★★

C'est bien. Vous faites ça très bien.★★

Pour augmenter votre concentration et la multiplier à nouveau, nous allons refaire cet exercice. Je vais compter de 1 à 3. A 3 vous pourrez ouvrir les yeux, je claquerai des doigts. Et quand vous fermerez les yeux, vous multiplierez cette relaxation de vos paupières par 10. Et vous plongerez dix fois plus profondément dans cet état de relaxation que vous recherchez.★★★

1 — 2 — 3 *(claquement des doigts).*

Ouvrez les yeux.★

Fermez les yeux.★★

Et plongez très profondément, très profondément à l'intérieur de vous-même dans cet état de relaxation que vous recherchez. Encore une fois, vous vous concentrez sur les muscles de vos yeux, à tel point que vos paupières sont comme collées, vous ne pouvez plus les ouvrir. Vérifiez bien que vous ne pouvez plus les ouvrir et quand vous avez vérifié, envoyez cette relaxation accumulée dans vos paupières jusqu'à la pointe extrême de vos orteils. C'est très bien. Profondément maintenant.★★★★

Bien. Pour approfondir encore cet état de relaxation, nous allons refaire une fois cet exercice. Je vais compter de 1 à 3. A 3 vous pourrez ouvrir les yeux et quand vous refermerez les yeux vous multiplierez encore par 10 cet état de relaxation.★★

1 — 2 — 3 (*claquement des doigts*).

Ouvrez les yeux. Fermez les yeux.

Et multipliez par 10 cet état de relaxation très profondément.★★ C'est bien. C'est très bien. A partir de maintenant, votre corps est totalement détendu. Pour approfondir encore cet état de relaxation, je vous propose de relaxer votre esprit en comptant les nombres de 101 à 99. Quand nous arriverons à 99, votre esprit sera totalement détendu, totalement libre et disponible. Je commence à compter maintenant.

101 : totalement disponible.

100 : tout à fait disponible et concentré.

99 : tous les nombres, tous les chiffres sont effacés dans votre esprit et vous êtes parfaitement détendu.

Vous entendez la voiture qui passe maintenant dans la rue.★★★

Imaginez sa marque.★★★

Vous vous souvenez des vacances alors que vous aviez 6 ans.★★★★★

Sentez les sensations dans votre corps.★★★

Appréciez la température.★★

Il est aussi possible d'induire l'induction. Un peu comme une image dans l'image. Exemple : si vous le voulez, vous pouvez vous laisser sentir.★★ Très rapidement, vous expérimentez un état particulier, une sensation différente et agréable.★★★★★

La création d'inductions n'est limitée que par votre imagination. Vous découvrirez vite que les plus simples sont les meilleures et que les inductions couvrant un large spectre ont plus de chance de réussir, donnant accès à un champ plus large des perceptions. Tous les éléments de la réalité peuvent être utilisés comme inductions, il est possible de les combiner à souhait.

Temps de reprise

A la fin de chaque exercice, il est indispensable de ménager un temps de reprise qui peut varier en durée d'un sujet à l'autre. Pendant ce temps, nous lèverons les suggestions données lors de l'induction et qui ne seraient pas appropriées à l'état de veille, telles l'altération des sons ou la sensation de flotter.

C'est le moment d'ancrer la personne dans la réalité avec des suggestions positives et concrètes :

— Vous entendez les sons et les bruits de l'immeuble

— Prenez conscience de la pièce dans laquelle vous vous trouvez... des personnes qui vous entourent.

— Votre respiration est maintenant plus tonique et vous sentez l'énergie dans votre corps, en commençant par les pieds★★ (*nommez les parties du corps une à une*) ; vous pouvez maintenant bouger les pieds★★★ serrer les poings★★★ bailler★★ et vous étirer comme après une longue nuit de sommeil... Quand vous ouvrirez les yeux tout à l'heure, votre esprit sera clair, reposé, détendu, prêt à faire face à toutes les tâches qui vous restent à accomplir aujourd'hui.

Le ton et le rythme de la voix doivent être dynamiques et inciter à la tonicité.

Les suggestions

Les exercices qui suivent sont précédés d'une fiche signalétique en cinq points.

La → indique à qui s'adresse l'exercice.

Les initiales indiquent le niveau de cure auquel il convient d'intégrer l'exercice (NTP = tout public ; NDC = début de cure ; NST = sujet en cours de thérapie).

Les lettres OR signifient = Objectif Recherché.

Le symbole ∂° indique l'idée clé qui sous-tend l'exercice.

Le panneau « danger » ⚠ attire l'attention sur les précautions particulières à prendre.

LA CASCADE

> $\rightarrow$ A tous.
> NDC
> OR La détente et la libération interne.
> ♂ La purification est nécessaire à la croissance.
> ⚠ Être attentif à ceux qui ont un vécu négatif de l'eau.

Laissez-vous imaginer que vous vous promenez dans une forêt.★★

Et que vous êtes entouré par tous les grands arbres.★★★★★★
Vous progressez sereinement dans la forêt.★★★★
A un moment, vous entendez un bruit d'eau qui coule.★★
Un bruit très agréable.★★
Vous l'entendez de plus en plus clairement.★★★★
Ce son est de plus en plus présent.★★★★★
Approchez-vous de cette eau qui coule, de ce ruisseau.★★★
En suivant son cheminement, vous découvrez une cascade d'eau chaude.★★★★★

Une très belle cascade entourée de vapeurs d'eau.★★★★
De mousse luxuriante.★★★★★
Peut-être qu'il y a des fleurs.★
Des oiseaux. Laissez-vous apprécier ce cadre.★★★★
Vous contemplez cette eau qui coule à profusion.★★★
Une eau très pure et chaude.★★★
Qui coule en abondance dans les plis de la terre et autour des rochers.★★★★

La vision de cette cascade remplit vos yeux.★★
Le bruit de la chute de l'eau apaise votre cœur.★★★★★★
Emplit vos oreilles.★★★★★
Vous ressentez une très douce émotion.★★★
C'est un moment important pour vous.★★★★
Laissez-vous ressentir le sens de cette eau pure qui coule en abondance.★★★★★

Et si vous vous sentez prêt, vous pouvez imaginer que vous vous déshabillez.★★

Et vous vous retrouvez dans la nature tel que vous êtes vraiment, tel que vous êtes né.★★★

Allez vous placer sous cette merveilleuse cascade dont l'eau est si pure et rebondissante, pleine d'énergie.******

Voilà. Laissez-vous sentir cette eau qui glisse et qui coule sur votre corps. Vous sentez sa tiédeur, sa chaleur bienveillante.*****

C'est une sensation agréable, très purifiante.****

Cette eau est légère, très légère, comme si elle était à la limite de l'état gazeux et de l'état liquide.****

Et alors que vous la laissez couler sur votre corps, vous sentez ses caresses extrêmement légères descendre le long de votre visage.***

De votre cou.***

De votre colonne vertébrale.****

Et sur tout votre corps. Imaginez-la dégoulinant et suivant les chemins intérieurs et extérieurs.******

Vous la sentez glissant et descendant le long de votre corps, le long de votre buste.**

De votre ventre, entre vos jambes.*****

Le long de vos jambes et sur vos pieds.****

Vous sentez la plante de vos pieds parfaitement enracinée et en contact avec le sol.

Profitez pendant quelques instants de cette eau très pure et bienveillante qui coule sur votre corps, qui lave votre corps.******

Cette eau est si légère et si pure que si vous le souhaitez, vous pouvez imaginer que vous la laissez entrer en vous-même par le sommet de votre tête. Elle entre dans votre tête, elle lave et purifie votre cerveau.

Et quel que soit l'itinéraire que vous imaginez qu'elle emprunte, laissez-la circuler à l'intérieur de vous-même.*****

Elle emporte les cellules inutiles.*****

Elle entraîne et elle fait fondre les graisses accumulées.*****

Les tensions musculaires.*****

Les mauvais souvenirs.*****

Tout ce dont vous voulez vous défaire et qui n'est pas nécessaire à votre bien-être est lavé et doucement se met à fondre et est emporté.******

Vous sentez la circulation de cette eau qui rentre en vous

par votre tête, vous la sentez circuler à l'intérieur de vous-même.*****

A vos pieds, elle sort chargée des impuretés dont vous souhaitez vous défaire.*****

Progressivement vous vous sentez devenir neuf, propre, purifié.*****

Vous prenez conscience du sens profond de cette pureté que vous avez choisi de faire entrer en vous et qui maintenant vous remplit.*****

Vous vous sentez léger, extrêmement léger.*****

Prêt à une vie nouvelle. Votre corps est débarrassé de tout ce qui pouvait l'encombrer inutilement.*****

Et là, dans cette merveilleuse nudité au milieu de la nature, sortez de la cascade et allez vous promener dans la forêt.***

Rencontrez l'univers.*****

Prenez le temps d'apprécier la vision nouvelle que vous avez sur cette forêt, sur cette nature.****

Vous observez les arbres, les plantes, les animaux et vous comprenez que votre perception des choses a changé et que cette pureté qui est en vous en est la cause.****

Si vous le souhaitez, vous pouvez promettre à cette cascade de revenir régulièrement puiser à cette pureté qu'elle vous apporte.*****

Avant de revenir à la tonicité, prenez quelques instants pour vous remercier vous-même d'avoir pris du temps pour vous.

LE MAGICIEN

$\rightarrow$ Aux enfants
NDC
OR   Apprendre aux enfants qu'ils peuvent se relaxer tout
en développant leur schéma corporel.
Tu peux choisir ce que tu ressens dans tes membres.
⚠   A ne pas utiliser pour endormir réellement l'enfant.

Comme dans la plupart des exercices pour enfants, le contrat
pour obtenir le consentement va être de proposer à l'enfant de
faire « comme si » on ne donne pas d'ordre, on propose à
l'enfant de jouer et c'est sous forme de jeu que l'on fait entrer
l'enfant dans un exercice qui le mènera à la découverte de son
corps et à un plus grand équilibre à l'intérieur de lui-même.
L'animateur fait « comme si » il était un magicien et l'en-
fant, allongé sur le sol dans une position confortable, les yeux
ouverts, fait « comme si » il était une marionnette que le
magicien va endormir.

Je suis un bon magicien et je vais endormir différentes
parties de ton corps. *Le thérapeute fait alors des gestes un peu*
théâtraux et dit d'une voix douce en posant ses doigts sur les yeux
de l'enfant :
Je ferme tes yeux.**
Les deux petites fenêtres de ton visage. Tes yeux s'endorment. Je sais que le reste de ton corps est encore bien
réveillé.**
Je caresse tes joues.*
Et tes joues vont s'endormir.**
Maintenant, d'un coup de baguette magique, je vais toucher ton bras droit et immédiatement tu vas le sentir s'endormir.*
Devenir tout mou, comme s'il était en chiffon. *A ce moment-*
là, le magicien touche avec le doigt ou avec une règle, d'une
manière ferme, le bras de l'enfant.
Et maintenant je vais endormir ta main.** *Il touche la main*

de l'enfant. Il peut faire un peu d'humour en disant qu'il y a un doigt qui s'est mal endormi et qu'il faut qu'il retouche pour qu'il s'endorme complètement.

Je touche ton bras gauche et tu le sens qui s'endort.★

Il s'endort, c'est très agréable.★★

Toi, tu es bien réveillé mais il y a maintenant ton visage et tes deux bras qui s'endorment. Toi, tu es encore très attentif et tu vois tes bras qui s'endorment parce que tu as voulu qu'ils s'endorment et que le magicien les a touchés.★★★

Je touche ta poitrine et elle s'endort.★★

Je touche ton ventre et tout ton ventre et tout ce qu'il y a dedans s'endort.★★★

Je touche tes jambes *il faut toucher juste au-dessus du genou* et tes jambes s'endorment.

Je touche ton pied droit et tout d'un coup tu sens tout le sommeil qu'il y a dedans.★★

Je touche ta jambe gauche et elle s'endort.★★

Je touche ton pied gauche et il s'endort.★★

Et maintenant que toutes les parties de ton corps sont endormies et que je sais que tu m'écoutes, je vais te chanter une petite chanson pour que tu te sentes bien dans tout ton corps, comme on le fait pour un enfant qui s'endort vraiment.★★★

C'est le moment de lui chanter une petite chanson inventée dans laquelle il y a une suggestion sécurisante appropriée à la situation qu'il a à affronter.

Cet exercice est aussi utilisé pour inviter l'enfant à exprimer des choses qu'il appréhende dans sa vie réelle. Il suffit pour cela « d'endormir » tout le corps et de ne laisser « éveillées » que la tête et la bouche. Cela lui permet d'exprimer dans un état de calme ce qui le préoccupe.

En ce qui concerne la reprise, le magicien dit simplement : maintenant, je vais réveiller petit à petit le pantin. Il touche à nouveau les différentes parties du corps en commençant par les pieds et demande à l'enfant de montrer qu'il est bien réveillé, de bouger doucement les pieds.

L'enfant est très attentif à la survenue du geste suivant et il est important de le laisser gagner en ne le surprenant pas et en annonçant à l'avance la partie du corps que l'on va toucher.

Certains enfants plongent dans un état de transe très profond, ce qui est tout à fait bénéfique, mais peut surprendre un thérapeute faisant l'exercice pour la première fois.

Il est important d'inciter l'enfant à bouger progressivement et lorsque les deux jambes ont été réveillées, de fléchir les genoux l'un après l'autre puis de lever un bras, puis l'autre bras. On terminera en touchant les deux globes oculaires à travers les paupières, en disant magistralement : « Ça y est, tu es tout à fait réveillé, l'esprit tout à fait clair. »

Il est aussi possible d'utiliser cet exercice pour donner une suggestion post-hypnotique à l'enfant sous forme d'un secret que lui confie le magicien ou d'un titre qu'il lui donne. L'enfant qui termine cet exercice avec l'impression d'avoir gagné quelque chose le refera avec plaisir et sera renforcé dans sa confiance en soi.

LE TAPIS VOLANT

> $\rightarrow$ A des personnes très rationnelles.
> NST
> OR   Développer la faculté d'expérimenter des sensations
> suggérées.
> ⚠   Les ondulations de la colonne vertébrale ont un effet
> régressif.

Alors que vous êtes bien relaxé, détendu, laissez-vous
imaginer un très beau tapis.★★
Vous en voyez les dessins.★★
Les couleurs.★★★
Peut-être que vous avez envie de vous promener dans ses
dessins.★★
Je vous propose de vous allonger sur ce tapis.★
Alors que vous prenez conscience de son confort et de son
moelleux.★★
Laissez-vous imaginer la surface de votre corps sur ce tapis
et comment votre corps masque certains dessins.★★★
Vous prenez conscience que vous êtes allongé sur un tapis
merveilleux, un tapis volant. Et alors que vous êtes en contact
avec la partie de votre corps qui touche le tapis, vous sentez un
léger frémissement.★★★
Comme une ondulation qui monte de vos talons tout le long
de votre colonne vertébrale, jusqu'à votre nuque.★★★
Le tapis commence à onduler d'une manière très douce,
trés agréable, sous votre corps parfaitement détendu, relaxé.★★★
Vous sentez votre corps déposé sur le tapis. Votre corps
peut avoir des sensations d'être lourd, très lourd.★★★
Sensations très agréables de lourdeur.★★★
Que vous percevez sous la paume de vos mains, au niveau
de vos talons, sous tout votre corps, ce contact agréable avec
ce tapis qui ondule. Votre corps maintenant a la sensation de
devenir très léger, merveilleusement léger.★★
Léger.★★★
Très léger.★★★★

Cette légèreté se transmet à toutes les parties de votre corps. Votre colonne vertébrale ondule vertèbre par vertèbre et ses ondulations agréables et légères vont en s'amplifiant et vous les sentez particulièrement depuis la base de votre coccyx qui remontent vers votre nuque. Sensation très agréable.★★★★★
Ondulations.★★★

Vous réalisez maintenant que ce tapis est en train de décoller et que vous êtes à 10 centimètres du sol.

Vous êtes porté par ce tapis, tout à fait en sécurité.★★★

Merveilleusement léger.★★★

Maintenant le tapis se déplace. Il commence à voyager. Vous commencez à décoller, à partir pour un merveilleux voyage.★★★

Alors que vous êtes en train de voler, de planer.★★★

Laissez-vous voir et regarder les différents points de vue que vous avez en étant sur ce tapis.★★★

Vous avez peut-être une vision aérienne de votre maison alors que vous êtes maintenant en altitude. Laissez-vous imaginer la vue de la campagne ; de la nature. Vous pouvez descendre en rase-motte et caresser les champs de blé, comme si c'était la chevelure de la terre.★★★

Vous rencontrez des oiseaux.★★★

De temps en temps il y a des turbulences et vous rencontrez le vent.★★★

Laissez-vous imaginer que vous pouvez descendre dans le creux des vallées et caresser la terre, passer à ras de la cime des arbres, pour voir les montagnes, la mer.★★★★★

Si vous le voulez, allez vous poser dans un lieu que vous aimez.

Prenez le temps de voir tout ce qu'il y a à voir dans ce lieu,★★ d'entendre ce qu'il y a à entendre.★★

De sentir ce qu'il y a à sentir.★★

Si vous le voulez, vous pouvez imaginer que vous descendez de votre tapis et que vous vous promenez dans ce paysage.★★

Vous sentez la fermeté du sol sous vos pieds. Lorsque vous le souhaitez, vous remontez sur votre tapis. Il se met à onduler à nouveau et il vous ramène très rapidement ici et maintenant.★★

Dans cette pièce. Il est à quelques centimètres au-dessus du sol et vous allez très progressivement vous poser, comme le

ferait un hélicoptère pour rentrer en contact avec le sol. Je vais compter les centimètres et progressivement vous allez le sentir descendre, descendre. 40 centimètres, 30 centimètres.*
20 centimètres.*
10 centimètres.*
Il est tout près, tout près du sol maintenant. Vous pourriez, avec votre main, sentir le sol en dessous de ce tapis. Vous êtes juste au-dessus du sol. Il va très doucement se poser sur le sol.**

Contact. Il est en contact avec le sol. Vous sentez la fermeté et la dureté du sol.

Prenez quelques instants pour mémoriser les sensations et les découvertes que vous avez faites au cours de ce voyage. Vous allez bientôt rouvrir les yeux.***

Quand vous les ouvrirez, vous vous sentirez merveilleusement reposé de ce voyage que vous avez fait dans le temps.**
Dans l'espace.**
Votre esprit sera calme, reposé, émerveillé.**

Et prêt à faire face à toutes les tâches qu'il vous reste à accomplir aujourd'hui ; l'esprit tout à fait détendu. N'ouvrez les yeux que quand vous êtes sûr d'avoir bien repris conscience de la pièce dans laquelle vous vous trouvez, des personnes qui vous entourent. Vous entendez les bruits, les sons, vous percevez les sensations de cette pièce. Je vais compter de 1 à 3 et à 3 vous ouvrirez les yeux, l'esprit tout à fait reposé, tonique, dynamique.
1*
2*
3*

LE CHAUDRON

$\rightarrow$ Tout public.
NST
OR Valoriser un état d'esprit de prospérité.
$\wp$ Tous les actes de la vie quotidienne participent au résultat final que nous obtenons.

Transportez-vous dans un paysage de montagnes, très haut.★★★

Dans les nuées, près du ciel.★★★★★

Dès que vous êtes installé dans ce paysage, vous en visualisez tous les détails, très précisément.★★★★★

Prenez le temps de voir les couleurs.★★

Les odeurs, les parfums.★★★

Les sons.★★

Proches ou lointains.★★★

Appréciez la qualité de la lumière.★★★

La pureté de l'air.★★★★★

Alors que vous vous promenez dans ce lieu, prenez le temps de ressentir la fermeté du sol sous vos pieds.★★★

Puis vous décidez de trouver un endroit sûr pour faire du feu. Vous prenez soin de toutes les exigences de la sécurité. Et vous commencez à faire la récolte du bois.★★★★★

Chaque élément de combustible que vous ramassez, prenez conscience de son poids, de sa forme, de sa texture.★★★★

Remarquez comment vous choisissez les matériaux combustibles.★★★

Il y a des choses qui brûlent et se transforment en chaleur, d'autres qui ne changent pas.★★★

Alors que vous accumulez de plus en plus de matériaux combustibles, c'est-à-dire faits pour transmettre leur énergie de cette manière, vous ressentez la joie et le plaisir de préparer quelque chose.★★★★★

Vous avez accumulé suffisamment de combustibles pour que le feu puisse tenir longtemps.★★

Vous avez des réserves.★★★★

Avant d'allumer le feu, vous installez dessus un chaudron.★

Une sorte de creuset dans lequel vous mettez le produit de tout votre travail du jour.★

Tout ce qui représente votre travail professionnel.★★

Dans ce creuset, mettez les images de votre bureau, les actes accomplis dans votre profession, les appels téléphoniques, les transactions, tout ce qui est synonyme de votre activité, de votre travail productif.★★★★★★

Le feu est maintenant allumé.

La vapeur et le scintillement de l'air au-dessus du chaudron vous indiquent que ce que vous avez mis dedans se transforme.★★★★★

Comme si cela se mettait à fondre.★★★★

Continuez à remplir ce chaudron de toutes les images et de tous les actes qui vous ont permis d'arriver au niveau professionnel où vous êtes actuellement : vos études, vos diplômes, les différentes épreuves que vous avez eu à vivre, les gains, les erreurs, tout ce qui a fait ce que vous êtes professionnellement aujourd'hui.★★★★★

Si vous le voulez, vous pouvez aussi y mettre de l'argent, parce que l'argent aussi, sous forme d'investissements, collabore à la réussite.★★★★★

Le chaudron commence à bien chauffer maintenant et tout ce que vous avez mis dedans se transforme en une surface scintillante, brillante.★★★

Tout cela s'unifie et se liquéfie.★★★★★

Votre regard est proche du rebord du chaudron et vous sentez la chaleur de cette énergie qui se transmet entre le feu et le chaudron.★★★★★★

Dedans, ce liquide brille.★★★

Il devient progressivement, dans votre champ visuel, un très grand lac.★★★★★

Un lac entouré de montagnes.★★

Un lac qui a des limites. Ces limites, vous les voyez bien précisément.

Elles sont celles que vous vous fixez.★★★★

Elles peuvent être petites.★★★

Comme elles peuvent être immenses.★★★★

Mais il y a des limites.★★★★

Vous voyez ces limites.★★★★

Vous avez la vision d'une limite autour de ce lac.★★★

Ce lac de montagne est chaud et brillant. Et, si vous le souhaitez, vous pouvez vous y baigner avec ceux que vous aimez.★★★★★★

Vous pouvez boire ce liquide.★★★

Vous découvrez qu'il vous désaltère.★★

Et qu'il a un goût agréable.★★

Si vous avez faim, il vous nourrit.★★★

Vous sentez ses qualités nutritives.★★★★

Il est source de croissance.★★★★

Vous sentez qu'il nourrit vos cellules et qu'il vous permet de continuer votre croissance.★★★★★

Il circule dans vos veines.★★★

Quand vous vous immergez dans ce lac, vous sentez ce liquide aller dans les parties les plus intimes de vous-même.★★★★

Il dépend de vous de l'utiliser positivement.★★★

Vous pouvez le sentir dedans et dehors en même temps.★★★

Il est abondance.★★★★★

Il vous unit avec tous ceux qui vous entourent dans ce lac immense.★★★★★

Et même, si vous ne les voyez pas tous, vous devinez que vous y êtes nombreux à en partager les ressources et les richesses.★★★★★★

Cette richesse liquide vous apporte la santé.★★

C'est aussi le fruit de votre travail au jour le jour.★★★★★

Vous acceptez cette énergie et si vous le voulez, vous pouvez méditer quelques instants sur toutes les images qui viennent maintenant, elles vous appartiennent.★★★★★

Remerciez-vous vous-même d'avoir pris du temps pour vous et pour reconnaître votre travail.

LE MÉTIER RÊVÉ

> $\rightarrow$ A ceux qui veulent accroître les facultés nécessaires pour atteindre leur objectif professionnel.
>
> NTP
>
> OR   Créer un comportement compatible avec le nouveau métier.
>
>   Le paraître est sur le chemin de l'être.
>
> ⚠   La pensée magique.

Vous êtes maintenant parfaitement relaxé.★★
Votre respiration est libre et régulière.★★★★
Vous vous imaginez en train de dormir.★★★★
Je vais compter de 1 à 3 et à 3 vous vous réveillerez et vous vous verrez dans une vie différente.★★
Dans un rôle différent que celui que vous avez dans la vie actuelle.★★★
Vous allez enfin pouvoir réaliser ce dont vous rêvez depuis très longtemps.★
Le jour est arrivé.★
Vous allez le vivre.★
Et vous allez pouvoir agir dans ce nouveau rôle.★★★
Ça y est, vous êtes maintenant aux commandes pour faire ce que vous voulez faire.★★★★
1 :★. 2 :★. 3 :★.
Cette journée commence, voyez les choses que vous faites dès le début de la journée.★★★★
Votre toilette et votre tenue ce matin sont en rapport avec ce nouveau rôle.★★★★★
Peut-être aussi que dans ce nouveau rôle, votre petit déjeuner est différent, plus nourrissant ou plus léger. Vous vivez les sensations liées à ce petit déjeuner.★★★★★
Ce nouveau métier va commencer par une matinée d'apprentissage.★
Vous vous voyez vous préparer psychologiquement et en termes de connaissances pour ce nouveau métier.★★★★★
Vous vivez chaque geste dans tous ses détails, avec une très grande précision.★★★★★

Une foule de sensations nouvelles se présentent à vous. Laissez-vous les vivre, les explorer et découvrir ce qui est agréable dans ce nouveau rôle.******

Vient maintenant le moment de l'action. Vous avez maintenant acquis tous les éléments d'apprentissage nécessaires et vous pouvez commencer à agir pour ce nouveau métier, dans cette nouvelle activité.******

Ressentez les nouvelles responsabilités que vous portez.****

Vous avez des décisions, des choix à faire.*****

Ces différentes fonctions sont très précises et vous les percevez avec une grande clarté.*****

Vous avez maintenant à entreprendre des négociations avec des partenaires ou avec des personnes avec qui vous travaillez, peut-être même que ce sont vos clients.*****

Laissez-vous trouver un point d'accord où tous autour de vous sont gagnants.******

Ressentez la joie de participer à une opération dont tout le monde sort fortifié et valorisé individuellement.****

Vous êtes tous des gagnants.***

Arrive maintenant le moment où vous récoltez le produit de vos efforts et de ce nouveau métier. Laissez-vous vivre toutes les sensations positives de cet instant, sans vous soucier de comment vous y êtes arrivé.****

Quelle que soit votre façon de visualiser cette récolte, imaginez-vous en train de récolter comme un cultivateur engrange ses récoltes avec l'anticipation de ce que cela représentera financièrement ou en termes de bien-être.*****

Arrive le moment où vous choisissez de dépenser une partie de cette récolte. Laissez-vous vivre maintenant comment vous utilisez le produit des fruits de cette récolte.******

Il se peut que maintenant le sommeil vous gagne et si vous souhaitez rester vigilant, il vous suffit de bouger légèrement le bout des doigts pour rester parfaitement éveillé.****

Vous avez récolté, vous avez dépensé, laissez-vous percevoir la part que vous voulez épargner et peut-être la part que vous voulez partager avec votre entourage. Cette part peut être financière mais aussi en termes de signes de reconnaissance, d'appréciation. Donnez-vous un temps pour redistribuer à chacun ce qui vous semble être juste.******

Maintenant, vous voyez d'une vision large cette nouvelle activité. Laissez-vous ressentir la confiance.★★★

Confiance en vous-même.★★★

Confiance dans les buts que vous vous êtes choisis pour votre vie.★★★★

Confiance dans votre aptitude à atteindre ces buts.★★★★★

Vous connaissez bien ce métier et ce processus va se reproduire demain.★★★★

Imaginez que vous rentrez chez vous maintenant depuis votre lieu de travail.★★

Vous avez quitté ce lieu avec l'enthousiasme d'un nouveau projet et sur le chemin du retour vous profitez de quelques instants pour apprécier le travail accompli.★★

Un travail bien fait.★

Laissez-vous sentir toutes les sensations agréables d'avoir accompli ce qui faisait sens pour vous.

S'il y a des personnes ou des êtres vivants qui vous attendent dans votre maison, autrement des voisins, des amis, voyez-vous partager avec eux ce que vous avez vécu dans la journée.★★★★

Laissez-vous voir leur visage, entendre leur voix, peut-être que vous partagez une petite célébration ensemble. Ils vous félicitent, ils vous encouragent, ils vous soutiennent. Laissez-vous ressentir la joie de ce moment.★★★★

C'est maintenant le moment de vous coucher pour passer une nuit paisible, emplie de rêves sereins.★★★

Pour dormir d'un sommeil profond et réparateur. Laissez-vous imaginer les sensations de ce moment où vous faites un dernier bilan de cette journée.

Et maintenant, avant de sombrer dans un vrai sommeil, si vous ne le souhaitez pas, gardez cette possibilité pour ce soir et revenez très progressivement à la tonicité. Quand vous ouvrirez les yeux tout à l'heure, votre esprit sera clair, reposé, détendu, heureux de vivre et prêt à faire face à toutes les tâches qu'il vous reste à accomplir aujourd'hui.

ÉTAT PERMÉABLE LES YEUX OUVERTS

$\rightarrow$ Élèves, conférenciers.

NTP

OR Permettre l'utilisation d'un état modifié de conscience les yeux ouverts.

$\mathcal{O}^\circ$ Conditionner l'ouverture des yeux avec la concentration.

⚠ La relation transférentielle entre le sujet et le thérapeute doit être bonne. Ne pas oublier de désactiver en fin d'exercice.

Cet exercice permet d'augmenter la concentration et d'utiliser les réactions analogiques dans un travail actif, les yeux ouverts.

Vous avez les yeux ouverts, regardez un point fixe devant vous.**** Prenez une profonde inspiration.** A l'expiration, remarquez comme votre vision s'améliore.*** Elle devient de plus en plus précise et de plus en plus nette.*** Recommencez cette respiration trois fois de suite. 1:***. 2:***. 3:***.

Maintenant, quand vous le voulez, fermez les yeux et gardez en vous-même la mémoire de cette vision et de ce point très précis et très clair que vous avez devant vous.**** Votre respiration est calme, lente, régulière.**** Et avec chaque respiration vous sentez le calme qui s'installe en vous.*** Pour approfondir votre relaxation, vous allez compter jusqu'à 3 et à 3, vous ouvrirez les yeux, cela approfondira votre état de relaxation. 1:*. 2:*. 3. Ouvrez les yeux!* Votre vision est claire.* Votre vision est claire, votre regard est précis.*** Maintenant, fermez à nouveau les yeux et prenez conscience de cette sensation merveilleuse de relaxation de tous les muscles autour de vos yeux.**** Vous pouvez mémoriser cette sensation agréable au moment ou vous avez fermé les yeux, tout à fait détendu.** Vous savez que vous pourrez éprouver cette sensation agréable aussi bien en ouvrant les yeux qu'en les fermant.*** Comptez jusqu'à 3, à 3 vous ouvrez les yeux et vous les gardez ouverts aussi longtemps que vous le désirez sans perdre cet état de relaxation qui s'est maintenant parfaitement établi en vous.* 1 :*. 2 :*. 3. Ouvrez les yeux et laissez-vous ressentir profondément cette sensation agréable d'avoir les yeux ouverts et d'être en même temps merveilleusement relaxé.***** Cette sensation de relaxation durera aussi longtemps que vous le désirez.** Si elle venait à faiblir, il vous suffirait de refermer les yeux quelques secondes et de faire ceci trois fois de suite.***

Maintenant, vous pouvez continuer vos activités en parfaite relaxation ; dans cet état vous êtes particulièrement branché sur vos ressources intérieures, ressources créatrices, programmées par la réussite, le progrès, la croissance.** Vous pourrez créer cet état chaque fois que vous le désirerez, de plus en plus profondément.*** Si vous avez pris l'habitude, dans d'autres exercices, d'utiliser un signe-signal, vous pouvez, à chaque fois que vous rouvrez les yeux, faire ce signe-signal.

EXERCICE DE CONCENTRATION

> $\rightarrow$ Tout public.
> NTP
> OR Augmenter la capacité de concentration.
> $\mathcal{S}$ Associer les formes et les couleurs.

Prenez quelques instants pour vous installer confortablement dans votre fauteuil ou sur votre chaise, les pieds bien à
plat sur le sol, les avant-bras sur les jambes ou sur le bord
d'une table.★★

Quand vous voulez, vous fermez les yeux, vous tirez
volontairement le rideau sur vous-même.★★★

Votre respiration est calme, lente, régulière.★★

Vous prenez conscience que vous avez un rendez-vous avec
vous-même.★★

Respiration calme, lente, régulière★, à chaque expiration
vous vous relaxez davantage★★. A partir de maintenant, tous
les sons, tous les bruits que vous entendez autour de vous
s'éloignent, sont sans importance.★★★

Je vous propose de vous transporter dans une salle tranquille.★ Imaginez que vous avez devant vous un grand mur
blanc.★ Prenez le temps d'évaluer la taille de cette salle,
d'apprécier la qualité de la lumière, les distances, la qualité de
l'air.★★★

Alors que vous faites cela, prenez conscience des sensations
agréables qu'il y a actuellement dans votre corps.★★ Peut-être
un goût dans votre bouche.★★ Peut-être une sensation tout à
fait particulière de calme et de détente au niveau de votre
diaphragme★, la tension des épaules est complètement dé-
liée.★★

Devant vous, sur ce grand mur blanc, laissez se dessiner un
carré jaune à bords marron et laissez-vous imprégner de cette
couleur jaune à bords marron.★★★

Vous maintenez cette image dans votre esprit. Vous voyez
cette image et cette image seulement.★

Si votre esprit s'égare, ramenez-le sans violence à ce carré
jaune à bords marron.★★★

Sur ce carré, placez un cercle rouge à bords noirs et prenez le temps de vous imprégner de l'association de ces quatre couleurs.*** Vous pouvez maintenant voir les points jaunes du carré qui débordent autour du cercle.

Vous êtes tout à fait concentré. Prenez quelques instants pour percevoir à nouveau les sensations agréables dans votre corps.*** Peut-être que vous pouvez aller ressentir les sensations au niveau de vos pieds, de vos orteils, que vous ayez gardé vos chaussures ou que vous les ayez enlevées.*** Il est possible d'être présent dans cette partie de votre corps en même temps que vous voyez ce carré jaune à bords marron recouvert d'un cercle rouge à bords noirs.

Dans ce cercle, placez un triangle vert à bords bleus. Un triangle vert à bords bleus.***

Choisissez, si vous le voulez, de passer d'un coin du carré au centre du triangle, en prenant soin de vous laisser voir les couleurs qui s'allient ou qui s'affrontent*, du marron au jaune*, du jaune au noir*, puis au rouge pour aller au bleu et trouver enfin le vert.***

Maintenez cette image présente dans votre esprit et sur votre écran mental, tout à fait claire, tout à fait précise. Vous voyez cette image. Vous ne voyez que cette image.**

Prenez quelques instants pour ressentir en vous la confiance** : confiance en vous-même, confiance dans les buts que vous vous êtes fixés dans votre vie*, confiance dans votre aptitude à atteindre ces buts.* Confiance.**

Et, très progressivement, à votre rythme, laissez-vous revenir à la tonicité en respirant plus profondément.***

Quand vous ouvrirez les yeux tout à l'heure, votre esprit sera clair, reposé, détendu ; vous serez heureux de vivre et prêt à faire face à toutes les tâches qu'il vous reste à accomplir aujourd'hui.***

Quand vous en avez envie, ouvrez les yeux et étirez-vous comme après une longue nuit de sommeil, d'un sommeil profond et réparateur.

EXERCICE DE CONCENTRATION

> → Tout public.
> NTP
> OR Augmenter la capacité de concentration.
> ♂ Visualisation de chiffres.

Vous êtes devant un tableau noir, comme un tableau d'écolier.★★ Sur ce tableau vous inscrivez le chiffre 5 ;★ vous voyez très distinctement votre main dessiner un 5.★

Devant ce chiffre 5, vous placez un 2.★ Vous voyez donc maintenant le nombre 25.★

A partir de maintenant nous allons accumuler des chiffres et vous allez vous en souvenir, tout simplement, par effet de concentration.★★★

Nous avons un 5, à gauche du 5 nous avons placé un 2.★ A droite, nous plaçons un 6.★ Devant le 2, nous plaçons un 3,★ devant ce 3, nous plaçons un 7. A la fin du nombre, après le 6, nous plaçons un 0.★ Maintenez ce nombre très précisément, très profondément dans votre esprit.★★

Vous prenez une profonde inspiration et vous allez ouvrir les yeux.

Vous vous sentirez parfaitement clair, reposé et vous vous souviendrez parfaitement de ce nombre.★

Ouvrez les yeux et vérifiez que ce nombre est juste. Vous devez avoir 732 560.★

Bravo !

LE CHRONOMÈTRE

> →   Tout public.
> NTP
> OR   Augmenter la capacité de concentration.
> ♂   Associer les images et les sons.

Installez-vous confortablement et quand vous le voulez, fermez les yeux.★ Tout de suite vous visualisez un énorme chronomètre, comme ceux qui sont utilisés dans les jeux télévisés, avec une aiguille qui marque les secondes, bien visible et qui avance par saccades.★★

Vous visualisez ce cadran très nettement.★

L'aiguille est actuellement immobile, à la verticale, prête à partir. Au top, elle partira et vous la suivrez très calmement avancer seconde par seconde.★

Attention ! Top !

L'aiguille avance, vous la voyez très précisément avancer par saccades.

Votre esprit ne voit que cela.★

C'est très bien.

Maintenant vous entendez les tic-tac de ce chronomètre au même rythme.★

Vous voyez précisément ce chronomètre et vous entendez son tic-tac.★★

Rien ne peut vous distraire, vous ne voyez que cela.★

Maintenez cet exercice d'abord pendant une minute, puis chaque jour un peu plus longtemps.★

Vous êtes parfaitement concentré.

EXERCICE DE
CONCENTRATION AUDITIVE

→   Tout public.
NTP
OR   Augmenter la capacité de concentration.
♂   Stimulation de la mémoire auditive.

C'est un exercice très simple ; il vous suffit de vous concentrer sur le son que vous entendez et de le faire durer, durer, durer encore alors même qu'il s'est arrêté.

Je vais utiliser pour cela un bol de méditation tibétain dont le son dure longtemps. *(Vous pouvez utiliser un verre, une cloche.)*

Plus vous écoutez ce son, plus vous vous détendez, vous vous relaxez profondément et plus votre mémoire s'améliore de jour en jour.

Voilà, je vais faire résonner le bol. *(Production du son)*

Faites durer ce son comme si vous le chevauchiez.

Maintenez-le présent dans votre mémoire.

LA MÉMOIRE

→ A ceux qui souhaitent développer leur mémoire.
NTP
OR Stimuler la mémoire à travers les sensations plutôt que l'intellect.
⚹ La mémoire est la permanence du présent dans le passé. Il est donc indispensable d'être « présent ».

Je vous propose maintenant de laisser revenir dans votre esprit un événement agréable d'un passé récent, peut-être la semaine dernière ou le mois dernier.★★★★

Prenez le temps de vous imaginer dans le lieu où se passe ce moment agréable.★★★

Laissez-vous voir les couleurs de la scène★, les formes★, les visages★. Peut-être qu'il y avait des personnes, voyez les regards.★★★

Laissez-vous entendre les voix★, les sons★. Peut-être qu'il y avait des sons particuliers ou de la musique★★. Peut-être que des paroles précises vous ont été dites.★★★★

Laissez-vous sentir les sensations de votre corps.★★★★★

Prenez le temps de retrouver vos sensations dans vos vêtements★★, dans vos chaussures peut-être★, la température★, la qualité de l'air★, peut-être qu'il y avait des parfums★★★, des odeurs liés à cet événement, à cette scène★★★.

Peut-être qu'il y avait des goûts et que vous avez mangé quelque chose.★★★

Laissez-vous aussi percevoir toutes les autres sensations et perceptions.★★

Est-ce que cela a duré longtemps★ ? Pas assez longtemps★ ? Trop longtemps★ ?

Comment avez-vous perçu l'espace ; laissez-vous ressentir toutes les émotions agréables de joie★★, de satisfaction en rapport avec cet événement.★★

Ce souvenir est très précis maintenant★, très net★, vous êtes vraiment dedans et il vous appartient.★★★

Peut-être qu'il y a des éléments, des détails de la scène qui apparaissent maintenant pour vous et que vous n'aviez pas remarqués lors du moment où vous étiez là.★★★★

Laissez-vous découvrir ces détails nouveaux pour vous et permettez-vous de les intégrer.★★

Et alors que vous vivez et réactivez toute cette réserve d'informations et de souvenirs agréables, prenez conscience que tout a été enregistré dans votre mémoire et que vous pouvez très facilement y accéder chaque fois que vous en avez besoin.

Votre mémoire est organisée comme un magnétophone qui stocke absolument toutes les informations, même celles que vous n'avez pas pu observer, étant vous-même impliqué dans l'action★. Tout est là.★★★

Prenez quelques instants pour ressentir de la confiance★, peut-être même de l'amour pour votre mémoire★★★. Quel merveilleux outil !★

Bien sûr, plus vous êtes présent dans un événement, plus les informations sont précises et nettes.★★★

Actuellement, pendant cet exercice, en étant bien présent à toutes les sensations qu'il y a dans votre corps, vous êtes en train de stocker, de mémoriser le processus de fonctionnement de votre mémoire★★★. Si vous voulez que ce fonctionnement soit tout à fait efficace, mémorisez toutes les sensations que vous avez dans votre corps★★★. Sensations visuelles★, auditives★, tactiles★, gustatives★ ou toute autre forme de sensations que vous pouvez imaginer.★★★

Pour retrouver le contenu de ce qui vous est dit, il vous suffira d'accéder à nouveau à ces sensations.★★

Imaginez que vous avez à préparer un discours ou un examen★. Imaginez-vous dans votre lieu de travail, à l'endroit où vous faites cette préparation★.

Prenez le temps de sentir le document entre vos doigts★. Peut-être qu'il a un poids★, une texture particulière★. Peut-être que c'est un livre ou simplement une feuille de papier.★★★

Prenez le temps de sentir les sensations dans vos yeux alors que vous lisez ce texte et que vous voyez le dessin formé par la différence entre les parties imprimées et les parties blanches★★★. Si c'est une écriture manuscrite, les petites ratures ou les formes spécifiques de cette écriture.★★

Lisez ce texte d'abord, graphiquement puis seulement après en vous imprégnant du sens.★★★

Soyez en contact avec les sensations qu'il y a dans votre bouche★, avec la qualité de la lumière qui vous entoure★, avec la texture du papier★, avec le son que fait ce papier quand vous le bougez.★★★

Associez toutes ces sensations à la lecture de ce texte.★★

Quand vous aurez besoin d'accéder à nouveau à ce texte, il vous suffira de retrouver les sensations, d'être en contact avec l'une de ces sensations pour qu'instantanément le contenu de ce texte soit présent, tout à fait clair à votre mémoire.★★★

Je vous propose actuellement d'être en contact avec les sensations de calme et de détente dans votre corps★ et d'y imprimer, d'y associer une phrase dont vous vous souviendrez★ — « Ma mémoire s'améliore de jour en jour, à tel point que je me souviens de ce qui convient au moment opportun. »★★★ Vous vous répétez cette phrase mentalement.

Laissez chaque mot s'imprégner comme dans vos cellules : « Ma mémoire s'améliore de jour en jour, à tel point que je me souviens de ce qui convient au moment opportun. »

Et laissez-vous ressentir la *confiance*★. *Confiance* en vous-même★★, *confiance* dans les buts que vous vous êtes fixés pour votre vie★, *confiance* dans votre aptitude à atteindre ces buts.★★

Je vous propose maintenant de prendre quelques instants pour vous imaginer un jour dans le futur où vous avez à restituer ce discours ou le contenu de cet apprentissage, pour un examen peut-être.★★★

Quelle que soit la raison que vous ayez de vous souvenir, prenez le temps de vous voir en train de vous souvenir très clairement,★ très nettement★. Les mots viennent spontanément★. Vous pouvez expliquer★, décrire★, argumenter★.

Tout en étant dans votre discours, sûr de vous et confiant★★, laissez-vous entendre cette voix quelque part dans votre tête : « Ma mémoire s'améliore de jour en jour à tel point que je me souviens de ce qui convient au moment opportun. »★★

Laissez-vous maintenant sentir la joie, la joie d'avoir réussi, d'avoir atteint votre but.★★

Votre mémoire est tout à fait efficace★. Elle fonctionne tout à fait clairement★.

Prenez le temps de vous réjouir★★. Peut-être qu'il y a des

personnes importantes pour vous★★. Vous voyez maintenant ces personnes reconnaître l'amélioration de votre mémoire★, vous féliciter, vous encourager★★. Laissez-vous ressentir toutes ces sentations agréables d'avoir réussi à utiliser au maximum un outil que nous avons tous et qui enregistre de toute manière tout ce qui se passe pour nous★. A nous de trouver la clé pour accéder à nouveau aux informations qui sont stockées et les restituer calmement et en toute confiance.★★★

Prenez quelques instants maintenant pour vous remercier vous-même d'avoir pris du temps pour vous★, d'avoir pris soin de vous★★. Quand vous le voulez, vous pouvez revenir à la tonicité en sentant l'énergie revenir dans votre corps très progressivement.★★

Vous pouvez bouger les différents membres ou entendre les sons extérieurs à l'exercice.★★

Vous pouvez vous étirer comme après une longue nuit de sommeil, un sommeil profond et réparateur.★★★

Quand vous en avez envie, seulement quand vous en avez envie★, vous ouvrez les yeux, l'esprit clair, reposé, détendu, heureux de vivre et prêt à faire face à toutes les tâches qu'il vous reste à accomplir aujourd'hui.★

Tout à fait tonique.★

Vous vous souviendrez de tout ce qui s'est passé dans cet exercice et vous pourrez l'utiliser pour améliorer chaque jour votre mémoire.★

AVANT L'ÉPREUVE

$\rightarrow$ Aux enfants en situation d'examen.

NTP

OR   Installer le calme et optimiser l'accès aux ressources.

$\circ^{\!\circ}$ Le calme et la confiance augmentent la concentration.

$\triangle$ Cet exercice doit toujours être facultatif. Toujours autoriser au préalable ceux qui ne veulent pas le faire à s'abstenir.

L'exercice est à faire dans la salle de classe, juste avant la distribution des sujets d'examen. Il est important de prendre ce temps avant de distribuer les questions d'examen afin que les élèves n'aient pas l'impression de perdre du temps mais au contraire d'en gagner par rapport à l'échéance qui va se présenter à eux.

Installez-vous dans la position la plus confortable pour vous, les pieds à plat sur le sol.***

Les mains posées sur la table ou sur le bureau devant vous.***

Laissez-vous choisir si vous souhaitez avoir les paumes vers le haut ou vers le bas.***

Quand vous le voulez, fermez les yeux et prenez trois profondes inspirations.***

A l'expiration, vous vous laissez aller, vous vous décontractez.****

Vous sentez le calme entrer en vous et si ces trois premières inspirations ne sont pas suffisantes, vous recommencez. Vous retenez légèrement le flot d'air à l'expiration et vous laissez descendre votre tête qui tombe naturellement en avant.**

Vos épaules sont décontractées. Prenez quelques instants pour percevoir cette sensation de calme à l'intérieur de vous-même.***

Votre respiration est libre et régulière comme le flux et le reflux de la mer.**

Votre cœur est calme.***

Votre esprit est calme.★★★

Vous avez du temps, vous avez tout votre temps.★★★

Laissez-vous ressentir à l'intérieur de vous-même un profond sentiment de confiance.★★★

Si un souvenir vous vient à l'esprit d'une situation où vous avez particulièrement réussi, laissez-vous revoir ces images de réussite.★★★★

Vous avez confiance en vous-même.★★

Confiance dans le travail préparatoire que vous avez fait avant cet examen.★★

Confiance dans vos possibilités pour produire maintenant tout ce que vous avez mémorisé et compris.★★★

Laissez-vous aller dans le calme pour donner le meilleur de vous-même.★★★

Il est même possible que vous vous dépassiez et que vous fassiez beaucoup mieux que la dernière fois où vous avez travaillé dans le même domaine.★★★★

Toutes les informations dont vous avez besoin sont en vous. Vous vous en souvenez d'une manière claire, précise.★★★

Tout à fait claire, précise.★★

Maintenant, imaginez que vous êtes à la fin de cet examen, au moment où vous rendez votre copie. Laissez-vous ressentir la satisfaction d'avoir donné le meilleur de vous-même. Et si vous le voulez, projetez-vous encore plus loin dans le futur, au moment où vous allez recevoir votre note qui sera juste et qui correspondra à tout ce travail de clarté et de calme que vous avez mis en œuvre aujourd'hui.★★★

Tout au long de cet examen, vous resterez calme et sûr de vos connaissances.★★★

Disponible à chaque instant.★★★

Je vais compter maintenant de 3 à 1 et à 1, vous ouvrirez les yeux.

Vous vous sentirez merveilleusement détendu, l'esprit calme, reposé, prêt à accomplir toutes les tâches que vous avez à accomplir aujourd'hui.

L'esprit tout à fait clair, reposé. 3 — 2 — 1 (*claquement de doigts*). Ouvrez les yeux dès que vous en avez envie. Et vous êtes maintenant prêt pour recevoir dans le calme le sujet de votre examen.

EXERCICE ENERGÉTIQUE

$\rightarrow$ Aux personnes ayant besoin de stimuler leur énergie, notamment les dépressifs.

NTP

OR   Activer et réactiver la conscience d'exister.

     Nous pouvons nous placer dans une dynamique énergétique si nous le décidons.

⚠   Cet exercice peut, s'il est fait en fin de journée, créer des insomnies.

En fin d'induction, parler à la personne sur un ton de conversation. La prise d'énergie est une attitude mentale qui fait que l'on se rend disponible pour la recevoir ; le meilleur moyen d'être disponible c'est de relaxer complètement votre corps, votre système nerveux.

Laissez-vous accepter de recharger les batteries de votre corps.★★★

Et pour ce faire, je vous propose une image.★★★

A chaque inspiration, vous aspirez de l'air.★★★

A l'expiration vous l'expulsez.★★★

Cette circulation est génératrice d'énergie★★★.

Inspirez et imaginez cet air qui entre dans votre corps par la plante de vos pieds.★★★ Il remonte jusqu'au sommet de votre crâne★★★. A l'expiration il entre par vos cheveux, votre visage et descend vers vos pieds★★★. Vous établissez ainsi un agréable va-et-vient entre ce qui vient de vos pieds★★ et ce qui vient de votre tête. Il est possible, si vous le souhaitez, d'inverser ce rythme. Vous pouvez imaginer que vous inspirez par la bouche et que vous soufflez par les pieds. Je vous laisse le soin de choisir et je vais vous laisser maintenant continuer cet exercice à votre rythme 5 à 10 minutes. Si vous avez un surcroît d'énergie et que vous avez besoin de libérer cette énergie, rappelez-vous qu'il y a la paume de vos mains ; à travers l'activité, vous pouvez libérer votre énergie. Quand vous aurez terminé, prenez quelques instants pour vous féliciter vous-même et vous remercier d'avoir pris soin de vous.

EXERCICE DE PRISE D'ÉNERGIE N° 1

$\rightarrow$ Aux personnes ayant besoin de stimuler leur énergie, notamment les dépressifs.

NTP

OR   Activer et réactiver la conscience d'exister.

$\mathscr{S}$ Nous pouvons nous placer dans une dynamique énergétique si nous le décidons.

⚠   Cet exercice peut, s'il est fait en fin de journée, créer des insomnies.

Lorsque vous êtes allongé sur le sol, laissez-vous imaginer qu'à l'inspiration l'énergie entre par la plante de vos pieds et ressort par le dessus de votre tête.★★★

Et qu'à l'expiration elle entre par le dessus de votre tête et qu'elle ressort par les mains.★★★★

C'est un phénomène de va-et-vient où l'énergie passe vraiment des pieds vers la tête et de la tête vers les pieds.★★★

Vous devez la sentir véritablement, tout le long de votre colonne vertébrale, en la visualisant. Vous pouvez imaginer une vague de chaleur ou de lumière.

Prenez le temps de faire cet exercice pendant la durée qui vous paraît bonne pour vous. Sans vouloir vous surdynamiser, en prenant soin de vous.★★★

EXERCICE DE PRISE D'ÉNERGIE N° 2

→   Aux personnes ayant besoin de stimuler leur énergie,
    notamment les dépressifs.

NTP

OR   Activer et réactiver la conscience d'exister.

⚆   Nous pouvons nous placer dans une dynamique éner-
    gétique si nous le décidons.

⚠   Cet exercice peut, s'il est fait en fin de journée, créer
    des insomnies.

Alors que vous êtes allongé sur le sol, laissez-vous imaginer
que votre corps est perméable, comme s'il était une passoire à
travers laquelle l'air peut passer. A chaque inspiration vous
sentez l'air passer à travers votre dos et toute la partie de votre
corps en contact avec le sol.★★★★★★

A l'expiration, vous le sentez sortir par la partie frontale de
votre corps.★★★

La partie exposée vers le ciel. Si vous préférez, vous pouvez
inverser ce mouvement et imaginer que vous aspirez l'air qui
vient du ciel et que vous le renvoyez à l'expiration, vers la
terre.★★★★★

Vous gardez, au passage de cette énergie, ce qui est bon
pour vous.

PRISE D'ÉNERGIE A FAIRE EN MARCHANT

$\rightarrow$ Aux personnes ayant besoin de stimuler leur énergie, notamment les dépressifs.

N T P

O R   Activer et réactiver la conscience d'exister.

$\mathcal{S}$ Nous pouvons nous placer dans une dynamique éner-gétique si nous le décidons.

⚠   Cet exercice peut, s'il est fait en fin de journée, créer des insomnies.

Alors que vous marchez, que ce soit dans la rue, dans la nature ou à l'intérieur d'un bâtiment, laissez-vous imaginer que vous pompez de l'énergie par la plante de vos pieds, à l'inspiration.***

Et à chaque pas*** cette énergie entre en vous, vous nourrit, vous alimente.**

L'excédent ressort par les narines, à l'expiration*. A chaque fois que vous posez les pieds devant vous, vous sentez cet apport énergétique qui remplit votre corps.***

Laissez-vous sentir comme maintenant vous marchez d'une manière souple, pompant de l'énergie pour le pas suivant. Prenez quelques instants pour sentir toutes les sensations agréables de votre corps, la mobilité, la flexibilité avant de fixer votre esprit sur autre chose.

LE RÊVE PROGRAMMÉ

NTP
OR   Produire des rêves sur des périodes très courtes pour puiser dans nos richesses inconscientes.
⚠   La symbolique de ces rêves est différente de celle des rêves naturels.

Ces séquences de sommeil peuvent être induites avec le signe-signal et peuvent être faites aussi bien dans la position assise qu'allongée.

Au moment de l'endormissement, se donner la suggestion suivante : « Je vais m'endormir pendant 15 minutes et durant ces 15 minutes je vais rêver. Les informations récoltées dans ce rêve me permettront de régler le problème X. »

Puis vous vous voyez ayant atteint votre objectif, et ayant résolu le problème avec toutes les sensations que cela peut comporter.

Vous vous voyez vous réveiller calme, détendu, reposé, au bout des 15 minutes prévues.

Si vous avez un signe-signal, vous l'utilisez et plongez instantanément dans un sommeil profond.

Au réveil, prenez soin d'avoir un papier et un crayon pour noter en vrac tout ce qui vient, sans censurer, que vous ayez rêvé ou non.

Bien sûr, cet exercice peut aussi se faire en se couchant le soir.

LE CONSEIL D'ADMINISTRATION

NTP
OR   Susciter des conseils avisés venant de personnages qui
      nous servent de modèles.
⚷   Nous pouvons utiliser les ressources que les autres
      mettent à notre disposition en puisant dans un patri-
      moine commun.
⚠   La nature des personnages que vous choisissez est
      elle-même inductrice des résultats que vous allez ob-
      tenir.

Vous réunissez autour d'une table de conseil des personnages dont vous souhaitez avoir les avis.★★★

Accueillez-les personnellement à l'entrée de la salle.★★★

Remerciez-les d'être venus.★★★

Installez chacun à sa place respective. Il se peut que certains
personnages viennent d'époques différentes.★★★

Prenez soin de les présenter à leurs voisins en expliquant
quelles sont les choses particulières qu'ils ont faites et que
vous avez appréciées.★★★★★

Une fois que vous avez fini de recevoir vos conseillers,
installez-vous dans le fauteuil de président de séance.★★★★

Ouvrez la séance.★★

Présentez d'une manière très claire et succincte votre problème tel qu'il se présente et le résultat que vous souhaitez
obtenir.★★★★★

Demandez individuellement à chacun de vos conseillers ce
qu'il pense du problème et comment il voit sa solution.★★★★★★

Vous pouvez noter les réponses sur un papier avec un
crayon tout en gardant les yeux fermés, mais autrement vous
pouvez imaginer que vous les inscrivez sur une feuille et que
vous vous en souviendrez.

Lorsque chaque conseiller a donné son avis, il est possible
que vous ayez des précisions à donner.★★★

Ou que certains conseillers commencent à discuter entre
eux.★★★

Faites respecter la règle que chacun doit parler à son
tour.★★

Lorsque vous avez collecté toutes les informations dont vous avez besoin, remerciez vos conseillers et prenez congé en les raccompagnant individuellement, chacun jusqu'à la porte de la salle, en les remerciant personnellement et les prévenant que vous aurez peut-être à les rappeler.★★★

Quand la salle est totalement vide, prenez quelques instants pour faire vous-même la synthèse.★★★★★

Remerciez-vous d'avoir pris du temps pour vous.★

Laissez-vous imaginer la solution du problème comme étant atteinte et réjouissez-vous des résultats.★★★★★

Quand vous ouvrirez les yeux tout à l'heure, votre esprit sera clair, reposé, détendu, tonique, tout à fait heureux de vivre et prêt à faire face à toutes les tâches qu'il vous reste à accomplir aujourd'hui.

Vous respirez profondément et vous revenez à la tonicité, l'esprit tout à fait clair.

LA SILHOUETTE

NTP
OR   Aller puiser dans ses ressources pour régler un problème personnel.
⚭   Dans chaque problème est contenue la solution au même problème.
⚠   Ne pas entrer dans la pensée magique.

Légère relaxation à faire assis ou debout.

Vous fermez les yeux et portez votre attention sur votre respiration.

Très rapidement, transportez-vous dans une petite maison, dans votre paysage idéal. Dans cette maison, il y a une seule porte. De cette porte part un chemin qui va jusqu'à l'horizon.★★

Au milieu de cette pièce unique, au rez-de-chaussée, il y a une chaise ou un fauteuil confortable dans lequel vous êtes actuellement installé.★★★★

Laissez-vous imaginer les dimensions de la pièce et prendre possession de ce territoire.★★★

Tout à coup vous réalisez que vous avez un rendez-vous important.★★★★

Quelqu'un va vous rendre visite.★★★

Le moment est imminent★. Vous vous levez pour aller jusqu'à la porte.

Vous sentez le contact de votre main sur la poignée ; vous ouvrez la porte et vous sortez sur le seuil.★★★★

Vous attendez un visiteur que vous ne connaissez pas.★★★

Alors que vous portez votre regard en direction du chemin vers l'horizon★★.

Vous voyez apparaître une silhouette qui vient vers vous.★★★★

Vous êtes tout à fait en sécurité. Cette personne vient pour vous conseiller et pour vous informer. C'est elle que vous attendez.★★★★★

A chaque pas qui vous rapproche de cette personne, vous sentez grandir en vous l'expectative de cette rencontre.****

Il est possible que cette personne ait le visage caché ou tout simplement qu'il ne soit pas visible pour vous.***

Ça n'a pas d'importance.***

Cette personne est maintenant à mi-chemin et vous sentez en vous une grande exaltation dans cette attente.***

La silhouette est maintenant toute proche de vous.**

Vous lui souhaitez la bienvenue en lui disant: je t'attendais.**

Vous pouvez l'inviter à entrer dans la maison ou autrement à tenir la conversation à l'extérieur, il y a tout ce qu'il faut pour s'installer confortablement à l'extérieur.***

Vous énoncez votre problème dans ses grandes lignes et vous demandez un avis global.***

Vous entendez clairement la réponse.***

Vous énoncez les résultats que vous souhaiteriez obtenir mais qui ne sont pas certains.***

La silhouette vous donne un avis.***

Vous avez peut-être une précision à demander à nouveau sur ce qui est bon pour vous et vous entendez la réponse.*****

Le moment est venu maintenant de vous séparer, de prendre congé. Vous remerciez la silhouette de sa venue et vous la prévenez que vous aurez encore besoin d'elle.***

Elle vous quitte et repart vers l'horizon. Vous lui faites un dernier signe d'adieu de la main et vous rentrez dans la maison.***

Vous vous installez dans le fauteuil, vous vous souvenez de tout ce qui a été dit pendant cet entretien.*****

Prenez quelques instants pour imaginer le problème qui se présente à vous comme étant résolu et vivez la joie d'avoir atteint votre objectif.*****

Prenez le temps de goûter le plaisir des résultats.*****

Quand vous le voudrez, vous reviendrez à la tonicité. Quand vous ouvrirez les yeux, votre esprit sera clair, reposé, détendu, heureux de vivre et prêt à faire face à toutes les tâches qu'il vous reste à accomplir aujourd'hui.

LE VERRE D'EAU

→   Tout public.
NTP
OR   Créer un réflexe conditionné — type réflexe de Pavlov
— associant la boisson du verre d'eau à la résolution
d'un problème.

Dans l'intervalle entre les deux prises d'eau, l'inconscient trouvera une solution.

---

*Cet exercice se fait à l'état de veille et ne nécessite aucune
relaxation particulière.*
*Il est important quand même de laisser un laps de temps d'une
heure minimum entre l'absorption de la première moitié du
verre et de la deuxième.*

Prenez quelques instants pour vous concentrer sur un
problème qui vous préoccupe actuellement, sans vous soucier
de le résoudre. Vous êtes simplement en contact avec les
composantes du problème. C'est-à-dire les causes et la situation correspondant au problème résolu. Prenez un verre d'eau
et tout en le buvant tout doucement et très lentement,
dites-vous, en évoquant toutes les associations liées à la
boisson de ce verre : « Quand je boirai la deuxième moitié du
verre d'eau, je trouverai spontanément une solution à ce
problème. » Lorsque vous avez bu la première moitié du verre
d'eau, vous le reposez, vous ne vous préoccupez plus du
problème. Environ une heure plus tard (cela peut être plus
court ou plus long) : vous voyez le verre d'eau, vous le buvez
et vous ne faites rien d'autre que d'être disponible. Vous ne
cherchez pas à résoudre le problème, vous ne repensez pas au
problème !
Vous êtes conscient que tout ce qui va pouvoir émerger est
peut-être une solution au problème.

LE CHOIX

NTP
OR   Développer l'État du Moi Adulte et la capacité de décision.
⚠   Un choix se fait entre les deux tendances contradictoires, « il faut » et « j'ai envie ».

Vous êtes dans un paysage que vous aimez. C'est un lieu réel ou imaginaire, ça n'a pas d'importance. Laissez-vous imaginer un tas de « il faut ».★★

Donnez une image, une consistance à toutes les obligations, à tout ce qui dans votre vie répond à la définition « il faut ».★★★★★★

Considérez ce tas, sa hauteur, sa taille. Laissez-vous voir les événements, les obligations sous forme d'images.★★★

Un peu plus loin, laissez-vous imaginer un tas de « j'ai envie ».★★★★★

Tout ce qui correspond à vos désirs, vos fantasmes, vos souhaits les plus chers.★★★★★★

Vous décidez de construire votre maison.★★★

Vous allez la construire en utilisant les matériaux de « il faut » et ceux de « j'ai envie ».★★★★★

Peut-être est-il approprié de construire cette maison entre les deux tas.★★★

Laissez-vous imaginer que vous construisez cette maison, en prenant chacune des images qui correspond aux éléments constructifs de « il faut » et à ceux de « j'ai envie ».★★★★★

Choisissez entre le nécessaire et le superflu.★★★

Maintenant, cette maison est complètement terminée. Permettez-vous de la visiter, de vous y installer, laissez-vous imaginer une scène ou quelque chose qui vous est cher, quelque chose d'agréable à l'intérieur de cette maison.★★★★★

Prenez le temps de bien vous sentir dans votre corps et d'apprécier toutes les sensations agréables.★★★

Quand vous reviendrez à la tonicité, votre esprit sera clair, reposé, détendu et vous serez prêt à décider, à choisir, à chaque fois que vous en aurez besoin entre « il faut » et « j'ai envie ».

LES PETITES ANNONCES
MATRIMONIALES

> →   Aux personnes cherchant un partenaire.
> NTP
> OR   Permettre de rencontrer un partenaire adéquat.
> ⚷   Le filtre de nos croyances nous empêche d'identifier
> les personnes que nous voulons rencontrer.

Imaginez que vous êtes dans une foule ou simplement dans un lieu où vous n'êtes pas seul.★★★★

Laissez-vous percevoir toutes les sensations agréables dans ce lieu. Vous appréciez la qualité de l'air, la température. Il y a certainement des couleurs, des parfums et des sons.★★★★

Prenez le temps d'apprécier la manière dont vous êtes habillé, comment vous avez soigné votre image.★★★

Et si vous pensez que votre présentation n'est pas suffisamment soignée, imaginez que vous la modifiez pour être au meilleur de vous-même.★★★

Imaginez que vous portez le regard sur les différentes personnes qui sont dans ce lieu. Ce lieu peut être un lieu public, un cocktail, une réunion de famille.★★★★

Chaque personne sur qui vous posez le regard, vous regarde en retour.★★★★★

Et vous sentez que la personne apprécie votre regard, votre visage, la manière dont vous êtes vêtu.★★★

Si vous communiquez, ces personnes vous entendent, comprennent ce que vous dites ; laissez-vous imaginer les échanges qu'il peut y avoir entre vous.★★★★★★

Au bout de quelques instants, vous prenez conscience qu'en fait chaque personne présente dans ce lieu vous voit, porte un regard sur vous.★★★

Vous êtes donc bien visible, vous existez.★★★

Vous avez une place.★★★

Cette impression de participer, d'être regardé.★★

Vous permet de porter votre attention sur votre propre regard sur les autres.★★★

Vérifiez bien si vous vous donnez le temps de regarder, d'apprécier, d'entrer en contact avec les personnes présentes dans ce lieu.******

Donnez-vous le temps de goûter et d'apprécier les sensations que vous ressentez dans votre corps quand vous rencontrez telle ou telle personne. Ces sensations sont différentes selon que la personne que vous regardez est un homme.*

Ou une femme.*

Bien entendu, vous remarquez aussi que lorsqu'on vous regarde, le fait que vous soyez un homme* ou une femme* intervient dans le regard de l'autre sur vous.****

Les humains sont des êtres qui sont faits pour la relation.***

En eux, dès leur naissance, sont programmés des désirs et des aspirations de se rencontrer, de se parler.****

Les humains ont besoin de liens et d'attachements pour vivre.***

Ils ont en eux les ressources pour se rencontrer, former des couples et vivre créativement ensemble.*****

Dans ce lieu où vous êtes, il y a certainement une personne appropriée pour vous.****

Dans ce lieu, il y a quelqu'un qui cherche à vous rencontrer.***

Laissez-vous ressentir votre désir de rencontrer l'autre.*****

Je vous propose d'imaginer que vous changez de lieu maintenant. Laissez-vous aller dans votre vie de tous les jours ; sur votre lieu de travail il y a des gens, il y a des personnes qui souhaitent vous rencontrer en tant que personne.***

Dans les transports, dans la rue, dans les lieux de loisirs il y a des personnes qui souhaitent vous rencontrer.**

Et que vous souhaitez rencontrer.*****

Laissez-vous être accessible à cette rencontre.****

Je vous propose maintenant d'imaginer que vous êtes en train de passer un moment agréable avec un partenaire qui vous convient.

Ça peut être des loisirs, un repas, une séance de cinéma. Laissez-vous sentir toutes les sensations et les perceptions en rapport avec cette rencontre.

Prenez le temps de vous remercier vous-même d'avoir pris soin de vous rendre accessible.★★★

De vous être donné les moyens de voir l'autre.★★★

Et si vous le voulez maintenant, vous pouvez vous projeter dans un futur un peu plus lointain. Vous passez une longue période avec une personne — peut-être la même — un mois de vacances par exemple. Laissez-vous vivre toutes les sensations et toute la joie de partager un moment de votre vie avec quelqu'un que vous appréciez, qui vous apprécie et qui reconnaît en vous les valeurs et toutes vos qualités.★★★★★

Si c'est cela que vous souhaitez maintenant, imaginez que vous vous engagez pour toute votre vie avec cette personne et, quelle que soit la forme de cérémonie que vous voulez avoir pour marquer cet événement, imaginez que vous présentez cette personne à votre entourage, que vous vous sentez fier d'avoir décidé de vivre votre vie avec elle. Imaginez que vous parlez avec ce partenaire, cette partenaire de projets d'avenir, peut-être des enfants, des voyages, comment organiser votre vie.

Laissez-vous ressentir toute la joie qu'il y a dans cette perspective.★★★★★

Prenez quelques instants pour ressentir en vous-même la confiance. Confiance dans vos objectifs, confiance dans votre aptitude à les atteindre.★★★

Et souvenez-vous qu'il y a toujours quelqu'un dans le monde pour qui vous existez et qui n'attend qu'une chose : vous rencontrer. Faites que vos recherches réciproques vous permettent de vous rencontrer.★★★★★

Quand vous le voulez, vous revenez à la tonicité l'esprit clair, reposé, détendu, heureux de vivre et prêt à faire face à toutes les tâches qu'il vous reste à accomplir aujourd'hui.★★★

Quand vous en aurez envie, vous ouvrirez les yeux tout à fait détendu, heureux de vivre.

LE RÉVEIL

$\rightarrow$ Toute personne qui souhaite se réveiller dynamiquement le matin sans avoir à utiliser un réveil.

NTP

OR   Se réveiller au moment où on a terminé un rêve, c'est-à-dire confier à l'horloge interne de notre inconscient le soin de synchroniser notre réveil avec notre vie de sommeil.

Nous avons une horloge interne qui régule le temps qui passe, nous pouvons lui confier le soin de nous réveiller ou de nous endormir pendant un temps extrêmement court.

⚠   Ce n'est pas un exercice à utiliser pour réduire le temps de sommeil en-deçà de ce qui est nécessaire pour une bonne santé.

Faire son exercice dans son lit chaque soir pendant 1 ou 2 mois de manière à bien s'entraîner.

Vous êtes dans votre lit, bien en contact avec les draps, avec le lieu et avant de vous endormir, vous fermez les yeux et vous programmez votre réveil-matin mental.★★

Laissez-vous ressentir le calme, la sérénité.★★

Vous avez confiance en vous. Imaginez que vous avez dans votre main un véritable réveil. Vous en sentez le poids, la forme, la consistance. Vous voyez très précisément son cadran avec la grande aiguille ainsi que l'aiguille qui correspond à la fonction réveil.★★★

Vous savez exactement à quelle heure vous souhaitez vous réveiller demain matin.★★

Prenez le temps de voir l'image du cadran à l'heure de votre réveil.

La petite aiguille est sur les heures, la grande aiguille est sur les minutes.★★★

Une fois que cette image est bien implantée dans votre esprit, réglez l'aiguille de la fonction sonnerie à l'heure exacte à laquelle vous souhaitez vous réveiller.★★

Et reposez ce réveil imaginaire sur votre table de nuit.★★

Laissez-vous imaginer maintenant que le moment de votre réveil demain matin est arrivé. Vous êtes dans votre lit et vous émergez du sommeil pour passer à l'état de veille. Cela se fait progressivement, sans violence.★★

Vous sentez chacun de vos membres qui accède à la tonicité. Vous avez bien dormi, vous êtes reposé.★★★

Imaginez que vous ouvrez les yeux et que vous voyez sur votre table de nuit votre réveil indiquant exactement l'heure que vous avez souhaitée.★★★

Peut-être que vous avez besoin de quelques instants pour noter des bribes de rêves que vous avez eues pendant la nuit. Cela est important★★, vous en comprendrez le sens. Imaginez maintenant que vous vous levez. Vous vous voyez dans votre tenue habituelle selon que vous dormez avec un pyjama, une chemise de nuit ou tout nu.★★ Laissez-vous imaginer les premiers gestes que vous faites le matin. Peut-être aller aux toilettes, à la salle de bains. Peut-être mettre l'eau à chauffer pour le petit déjeuner.★★★

Vous avez bien calculé votre temps, vous savez exactement ce que vous avez à faire pour pouvoir être prêt à temps.★★★★

Imaginez que vous vous lavez, vous faites votre toilette. Laissez-vous sentir les parfums, les odeurs et tous les gestes que vous faites habituellement.★★★★

Prenez le temps de choisir vos vêtements, ceux qui vous vont bien et vous mettent en valeur.★★

Sentez la texture du tissu. Imaginez le contact sur votre corps.★★★

C'est une très belle journée qui se présente. Vous êtes enthousiaste, dynamique et prêt à faire face à toutes les tâches que vous avez à accomplir aujourd'hui.★★★

Vous êtes maintenant parfaitement habillé et c'est le moment pour vous de préparer votre petit déjeuner. Permettez-vous de goûter dès maintenant le plaisir de ce moment. C'est important pour commencer la journée.★★★

Il y a des parfums, des odeurs, des goûts. Si vous êtes de ceux qui aiment le pain grillé, laissez vos narines se remplir de cette odeur. Imaginez la texture, la sonorité de vos tartines.★★★

Peut-être que vous mettez du beurre ou du miel. Laissez-vous sentir la consistance. Imaginez vos gestes. Vous prenez votre temps. Vous sentez les goûts dans votre bouche et à chaque bouchée vous profitez du plaisir de ce moment important pour vous.****

Prenez votre temps pour apprécier le lieu. Peut-être que vous entendez une musique. Ce petit déjeuner contribue à la préparation de votre journée. Cette journée est déjà commencée. Voilà, voyez le moment où vous terminez ce petit déjeuner. Vous êtes satisfait, rassasié.

Imaginez maintenant que vous partez pour votre travail, ce que vous avez à accomplir aujourd'hui, et laissez-vous sentir l'enthousiasme, la joie de vivre cette journée qui est bien commencée. Vous avez confiance en vous-même et vous partez au bon moment pour arriver à l'heure à votre premier rendez-vous.

Donnez-vous quelques instants maintenant pour apprécier toutes les sensations agréables dans votre corps et ressentir la joie d'avoir bien réussi votre réveil et votre début de journée.

Remerciez-vous vous-même d'avoir pris du temps pour vous.

LA CARESSE GÉANTE

> → Aux couples.
> NTP
> OR Réguler les niveaux de la relation.
> ♂ Le corps est médiateur de la relation.
> ⚠ Hyper-érotisation.

Il peut être important de faire cet exercice nu sous une couverture, dans un lit mais non en contact avec un partenaire.
En revanche, le partenaire peut être celui qui dirige l'exercice tout en le faisant.
Une induction. Et on commence.

Vous concentrerez votre attention sur un point imaginaire au creux du pli fessier.★★

Faites remonter ce point comme sur une ligne imaginaire le long de votre colonne vertébrale.★★★★★

Puis, entre vos omoplates.★★★

Le long de votre cou.★★

De la base de votre crâne jusqu'au sommet de la tête.★★

Cette ligne maintenant descend et passe sur votre front.★★

Entre vos yeux.★★★

Sur votre nez.★★★

Sous votre nez.★★

Elle s'arrête aux bords de la lèvre supérieure, là où il y a un petit sillon.★★★

Respirez librement et sentez le cheminement de l'énergie depuis ce point au creux de votre pli fessier jusqu'au bord de votre lèvre supérieure.★★★★

Laissez circuler cette énergie tout au long de cette ligne comme un léger frisson de plaisir.★★★★★

Cette ligne reprend au bord et au milieu de votre lèvre inférieure.★★★

Elle partage votre menton en deux et descend le long de votre gorge.★★★

Sentez cette sensation de cheminement, comme si l'être que vous aimez dessinait cette ligne avec son doigt sur votre peau.★★★★

Sensation très agréable.★★

Très douce.★★

Vibrante.★★

Vous sentez cette ligne qui descend au milieu de votre poitrine.★★★★

Elle descend au creux de votre estomac.★★

De votre plexus solaire.★★

Et progressivement s'approche de votre nombril.★★★★★★

Elle passe votre nombril sans s'attarder.★★

Puis descend progressivement vers votre pubis.★★★★★

Comme si elle partageait vos organes génitaux symétriquement en deux, que vous soyez homme ou femme. Si vous êtes un homme, sentez cette ligne aller jusqu'à la pointe de la verge.★★

Sous la verge.★★

Au milieu des bourses.★★

Et si vous êtes une femme, tout simplement au milieu de la vulve.★★★

Puis cette ligne passe entre vos jambes, sur votre périnée.★★

Et termine à la face antérieure de votre anus.★★★★★

Laissez-vous sentir maintenant l'énergie qui circule par cet anneau qui divise symétriquement votre corps en deux.★★★★

Les deux seules ruptures de cet anneau sont les orifices de votre tube digestif.★★★

Et vous sentez là se faire un échange d'énergie.★★★★

Goûtez pendant quelques instants (1 à 2 minutes) le passage de l'énergie sur cette ligne imaginaire.

Concentrez maintenant toute votre attention sur votre peau.★★★★★

Sur l'enveloppe de votre corps.★★★★

En commençant par toute la partie qui repose sur le sol.★★★★

Vous prenez conscience des points d'appui de votre corps sur le sol.★★★

Continuez à concentrer toute votre attention sur votre peau.★★★

Comme si votre corps tout entier devenait une grande main.★★★★★

Une immense main. Votre corps est une immense main.★★★
Avec cette immense main, vous caressez le corps de l'être aimé, comme s'il était une petite statuette à la taille de cette main.★★★★
Toutes les fonctions sensorielles de votre corps participent à cette caresse.★★
Se moulent.★
Et caressent mentalement l'être aimé dans tous ses détails.★★★★★
Visualisez chaque détail du corps de l'être que vous aimez.★★★
Sentez comment vous pouvez le couvrir avec votre propre corps de la même manière que l'on peut envelopper une petite statuette que l'on tient dans sa main.★★★★★
Explorez ce corps de la tête jusqu'aux pieds, sans rien omettre des formes et des émotions que vous ressentez.★★★★
Observez les réactions que vous éveillez chez votre partenaire, ce peut être le plaisir, la satisfaction mais aussi des émotions moins positives, qui sont aussi à prendre en compte.★★★
Quand vous avez terminé cette exploration, retirez-vous dans votre paysage idéal.★★★★
Et installez-vous dans un lieu tranquille et sûr pour une courte méditation.★★★★
C'est un lieu où vous vous sentez protégé.★★
Tout à fait en confiance.★★
Méditez sur la nature des rapports affectifs que vous entretenez avec ce partenaire.★
Sur la place que prend la sensualité dans vos rapports.★★★★★
Est-ce que votre corps envahit totalement la relation amoureuse au détriment d'une partie moins physique et plus spirituelle?★★★★★★
Est-ce qu'au contraire cet intérêt physique est sous-développé? Que votre partenaire le réclame ou que vous le réclamiez pour vous-même.★★★★★
Laissez-vous imaginer que vous pouvez matériellement réduire votre demande si elle est débordante ou apporter un peu plus si vous sentez un manque.★★★★★
Profitez de la fin de cet exercice pour faire le point en vous-même, sur ce que vous décidez maintenant de dévelop-

per ou au contraire de modérer dans cette relation afin qu'elle soit plus complète, plus profonde.******

Projetez-vous dans le futur et laissez-vous imaginer chacun des partenaires satisfaits et se remerciant de ce qu'il trouve dans la relation.*****

Puis revenez à un niveau de conscience normal très progressivement tout en visualisant votre corps unifié qui revient à la tonicité.*****

(Reprise.)

LA GRANDE OREILLE

> $\rightarrow$ Aux personnes qui souhaitent développer leurs fonctions auditives.
>
> NTP
> OR Mobiliser les fonctions auditives et se réapproprier des sensations dans ce domaine.
>
> $\wp$ L'écoute est plus une attitude que véritablement une fonction mécanique.

C'est un exercice qui commence par une induction classique qui n'a pas besoin d'être très profonde étant donné qu'elle va aller en augmentant au fur et à mesure des sensations.

Concentrez toute votre attention sur vos oreilles.★★★★★
Installez-vous dans vos oreilles.★★★★★
Vous devenez une grande oreille.★★★★
Une très grande oreille.★★★★★
Vous sentez que vous devenez une très très grande oreille, un pavillon à l'écoute.★★★★★★
Maintenant, toute votre attention, toute votre énergie est concentrée sur votre oreille.★★★
Sur vos facultés auditives.★★★★★
Vous dirigez cette oreille vers vous-même.★★★
Écoutez les bruits de votre corps.★★★★★
Peut-être que vous pouvez percevoir les vibrations de votre cerveau.★★★★★
Puis le souffle de votre respiration qui va et vient.★★★★★
Vous entendez les bruits de votre corps.★★
Vous percevez le bruit de l'air qui entre et qui sort de votre corps.★★★
Laissez-vous descendre plus profondément à l'intérieur de votre corps.
Vous entendez les sons et les vibrations des organes qui sont à l'intérieur de votre ventre ;★★★★
les agréables gargouillis.★★★
Comme un bruit de fontaine, de l'eau qui coule.★★★★

Tout ça à l'intérieur de votre ventre.★★★★★

Laissez-vous bercer par ces sons tout à fait bienfaisants. Vous les entendez très nettement maintenant. Et en focalisant votre attention, vous commencez à entendre le son des pulsations de votre cœur.★★★★★

Et la circulation du sang qui coule dans vos veines.★★★★★

Une circulation régulière, ferme et régulière.★★★★★

Le son régulier des battements de votre cœur est un bruit rassurant, régulier.★★★★

Et vous l'entendez très régulièrement.★★★

Et cette attention que vous lui portez lui permet de se calmer.★★

De ralentir légèrement son rythme.★★★

Pour être encore mieux accordé à votre état de relaxation.★★★

Votre état de bien-être.★★★

Vous vous laissez bercer quelques instants par le bruit calme de ces battements.★★

Commencez maintenant à écouter d'autres sons, d'autres bruits.★★

Vous sortez de votre corps et vous portez maintenant votre attention, vous dirigez cette grande oreille vers tous les bruits qui vous entourent dans cette pièce.★★★★

Peut-être y a-t-il une pendule ou simplement le bruit d'une montre ; un insecte, un craquement.★★★★

Focalisez maintenant votre attention sur les bruits de l'espace qui est autour de la pièce, à l'extérieur. Si vous êtes dans un immeuble, les autres pièces de l'appartement ou le palier. Si vous êtes dans une maison individuelle, les pièces qui vous entourent et écoutez tous les sons, tous les bruits qui émanent des pièces limitrophes à celle dans laquelle vous vous trouvez.★★★★★

Portez votre attention maintenant sur les bruits de toute l'habitation dans laquelle vous vous trouvez. Si vous êtes dans un immeuble ou une grande maison, vous entendez des bruits quelquefois confus de ce qui se passe d'un étage à l'autre.★★★★★

Des bruits propres à la vie communautaire.★★★

Portez maintenant votre attention hors de cette maison d'habitation, de cet immeuble. Vous entendez les bruits de votre quartier, les bruits de la rue, la voiture, la mobylette qui passent, le chien qui aboie.*****

Prenez conscience qu'ils sont la présence de la vie que vous partagez avec les humains qui vous entourent.******

Laissez-vous écouter maintenant un registre de sons et de bruits beaucoup plus large qui sont les bruits de la vie tout entière, comme une immense palpitation, la rumeur de la ville. Et dès que vous avez pris conscience de ces bruits merveilleux qui font partie de notre vie, portez votre attention auditive encore plus loin.*****

Vous écoutez maintenant les bruits du pays.***

Vous entendez les bruits du pays tout entier.**

Le bruit du vent, de la nature tout entière. Le bruissement des forêts.*****

Le bruit de la mer sur le littoral.*****

Le bruit des usines.****

Le bruit du sol.*****

Vous portez maintenant votre attention encore plus loin, comme si vous pouviez monter dans l'espace et vous mettre à l'écoute des sons et des bruits du continent.*****

Alors que vous écoutez l'ensemble du continent où vous vous trouvez, remarquez comme la qualité des sons change.*****

Votre aptitude auditive maintenant est tellement affinée, tellement sensible que vous pouvez écouter le bruit de l'univers.***

Le bruit du monde tout entier.****

Écoutez le son que fait la terre.*****

Prenez conscience des bruits et des sons différenciés d'un continent à l'autre.******

Je vous propose d'expérimenter, de prendre un peu plus de recul encore et d'aller pousser plus loin votre recherche. Prenez de l'altitude et écoutez les bruits de l'atmosphère.****

De tous les remue-ménages qu'il y a dans cette couche d'air qui entoure la terre.**

Vous entendrez le bruit des vents.***

De ces immenses courants d'air qui balayent le sol de notre planète.******

Ces courants d'air qui grondent autour des montagnes et des vallées.***

Qui déplacent les nuages.*****

Vous vous souviendrez de tous ces sons. Maintenant que vous avez bien perçu les sons de l'atmosphère, imaginez que vous pouvez vous projeter maintenant plus loin, encore plus loin dans le cosmos.*****

Vous partez à la limite de tout ce qui est possible pour vous. Vous n'avez aucune crainte à avoir, vous vous arrêterez à temps. Vous pouvez aller loin, très loin.******

Laissez-vous écouter le bruit du cosmos et des vibrations sidérales.******

Je vous laisse quelques instants pour goûter toutes les sensations agréables que vous pouvez avoir dans cette expérience.******

Vous vous souviendrez très précisément de tout ce que vous avez découvert dans cet exercice.***

Et vous pourrez l'utiliser dans votre vie quotidienne.****

Afin de mieux vous comprendre, mieux vous connaître, mieux vous aimer.***

Cette capacité d'écoute vous permettra aussi d'améliorer les relations que vous avez avec ceux qui vous entourent.***

Je vous propose maintenant de revenir progressivement dans le lieu où vous vous trouvez. Votre grande oreille redevient une oreille normale, avec des proportions humaines.***

Avant d'ouvrir les yeux, reprenez conscience du lieu dans lequel vous vous trouvez, des gens qui vous entourent.**

Percevez le niveau vibratoire de tout ce qui vous entoure.***

Vous prenez conscience de l'atmosphère de cette pièce et à chaque inspiration vous vous rechargez d'une énergie vitale.***

Prenez votre temps, vous avez tout votre temps pour revenir. Quand vous serez prêt et que vous en aurez envie, ouvrez les yeux! Vous aurez l'esprit clair, reposé, détendu et prêt à faire face à toutes les tâches qu'il vous reste à accomplir aujourd'hui.

Il est très probable qu'à partir de maintenant vous allez observer des sons, des bruits, des paroles que vous n'aviez encore jamais remarqués. Et vous constaterez probablement que votre aptitude auditive s'est considérablement améliorée. Et cela, vous le devez à vous-même et à votre concentration.

LA VUE

→ Aux personnes qui ont des problèmes de vue.
NTP
OR   Faire travailler les organes de la vue.
⚹   Les muscles du cristallin et des fonctions oculaires
     peuvent aussi faire de la musculation.
⚠   Enlever les lentilles cornéennes.

Cet exercice comprend aussi l'induction.

Installez-vous confortablement sur le sol en gardant les yeux ouverts.★★

Laissez-vous évaluer votre niveau de tension dans tout votre corps.★★

Notamment, au niveau de vos yeux.★★★

Si vous portez des lunettes ou des verres de contact, vous avez pris soin de les retirer.★★

Vous êtes assis confortablement dans un fauteuil ou allongé sur le sol.★★

Regardez droit devant vous. Il est préférable qu'à une distance moyenne vous ayez quelque chose à voir : un plafond ou un mur.★★

Votre respiration est calme, lente, régulière, comme le flux et le reflux de la mer.★★★

Vous vous relaxez les yeux ouverts et vous laissez vos yeux voyager calmement.★★★

Très calmement.★★

Puis vous choisissez de focaliser votre vision sur un objet fixe.★★

Peut-être un tableau, une porte ou un lustre pendu au plafond.★★★

Si vous êtes devant une bibliothèque, vous regardez les livres.★★

Vous ne les lisez pas vraiment, vous les regardez. Vous les voyez dans leur ensemble.★

L'un après l'autre, et vous prenez conscience de cette relaxation, de ce calme.★★★

Cette concentration que vous demandez à vos yeux amène une profonde relaxation.★★★★

Déjà, les tensions à l'intérieur de votre corps se dissolvent.★★★★

Votre respiration est libre et régulière. Vous décidez maintenant de fermer les yeux et de vous laisser glisser profondément vers cet état d'harmonie que vous connaissez et que vous aimez.★★★

Il vous suffit pour cela de mémoriser les sensations ressenties dans les exercices précédents et très rapidement vous sentez cet état tout à fait sécurisant que vous recherchez.★★★★

Vous concentrez également toute votre attention sur vos yeux.★

Ces fenêtres sur le monde extérieur.★★★

Votre conscience est maintenant dans vos yeux.★★

Votre système oculaire est activé.★★★

Laissez-vous ressentir les sensations de cette partie spécifique de votre corps et permettez-vous de les différencier des autres sensations que vous sentez dans votre corps.★★★

Imaginez les différentes parties de tout ce système et si vous le voulez, visualisez les muscles qui entourent vos yeux et laissez-les se détendre.★★

Imaginez le nerf optique par lequel sont transmises toutes les informations visuelles jusqu'à votre cerveau.★★

Focalisez votre attention sur votre rétine qui tapisse le fond de votre œil et qui est couverte d'une multitude de petites cellules qui perçoivent les images et la lumière.★★★★

Imaginez que vous pouvez focaliser votre attention sur votre cristallin, comme vous focaliseriez votre attention sur le bord de votre lèvre ou toute autre partie de votre corps. Là, vous focalisez votre attention sur votre cristallin.★★★★

Continuez à bien investir et habiter cette partie de votre corps.★★ Séparément les différentes parties de vos yeux. Alternativement le droit et le gauche. Puis le cristallin, l'humeur vitrée qui est le liquide qui remplit tout votre œil.★★★

Votre pupille, cette pastille circulaire ouverte au milieu et qui a la faculté de se contracter et de se dilater pour laisser entrer plus ou moins de lumière.★★★★★

Portez votre attention maintenant sur votre cornée qui est la partie la plus en avant de votre œil.**

Légèrement bombée, votre cornée est très transparente. Appréciez sa clarté, sa limpidité.****

Appréciez la régularité lisse, très lisse de sa surface.****

Portez votre attention maintenant sur les glandes lacrymales qui forment les larmes et qui maintiennent vos yeux à une humidité constante.*****

Concentrez maintenant votre attention sur vos paupières.*

Qui balayent, protègent la surface de vos yeux et chassent les impuretés.*****

Sur vos cils qui représentent la protection rapprochée de vos yeux et peuvent ainsi repousser les petites poussières qui s'approchent trop.**

Prenez quelques instants maintenant pour apprécier, ressentir toutes les sensations agréables dans votre corps et prendre conscience que cet état de relaxation est dû à votre propre concentration.*** Transportez-vous maintenant sur le haut d'une colline qui domine les environs.***** Vous vous installez dans la nature, c'est un lieu que vous connaissez, réel ou imaginaire, cela n'a pas d'importance.** C'est un très beau jour.* Appréciez la qualité de l'air*, la pureté de la lumière.* Il fait une température agréable.* Imaginez un regard circulaire où vous appréhendez tous les détails de ce qui vous entoure.****

Vous êtes maintenant assis sur le sol et vous voyez très en détail les végétaux.****

Les insectes, les minéraux qui sont peut-être autour de vous.

Il vous suffit de faire un geste imperceptible de la tête, simplement quelques millimètres en avant pour percevoir avec une grande acuité le monde minuscule qui vous entoure et tout d'un coup, vous voyez le fourmillement de toute une vie, de tout un monde que vous n'aviez pas perçu, comme si vos yeux étaient devenus des loupes.****

Sensation très agréable, vous êtes émerveillé. Vous voyez très très précisément tout ce monde qui est très proche de vous, là, présent et qui participe à la vie de l'univers tout entier.*****

Mentalement, imaginez que vous vous penchez un peu plus en avant et que vos yeux deviennent des microscopes.***

Ils ont maintenant la faculté de voir à l'intérieur de la matière.★★★

Vous voyez maintenant la structure des cellules, de l'herbe.★★

Et des végétaux qui vous entourent. Vous entrez dans les fleurs, les graines.

Vous voyez en détail les écailles sur les ailes de papillons multicolores.★★★★★★

Laissez-vous ressentir la joie, l'émerveillement de toutes ces images immensément grandies sous vos deux microscopes. Vous voyez vraiment tous les détails.★★★★★★

C'est bon de ressentir cette émotion, cette joie de pouvoir ainsi pénétrer ce monde qui vous était jusque-là inconnu.★★★★

Vous goûtez et appréciez toutes ces images qui passent par vos yeux et qui sont infiniment petites.★★ Ces choses infiniment petites que vous voyez tout à fait normalement avec vos yeux.★★★★

Prenez encore quelques instants pour goûter votre calme intérieur et concentrez toute votre attention sur vos yeux.★★★

Vous prenez conscience de ce regard.★★

Cette vue sur l'extérieur de vous-même est primordiale dans vos relations avec l'univers.★★★★★

Vous avez regardé l'infiniment petit. Portez maintenant votre regard autour de vous, sur votre environnement proche et observez tous les détails que vous pouvez maintenant voir avec cette perception nouvelle.★★★

Il y a un premier plan proche tout autour de vous sur cette colline.★ Les arbres, les maisons peut-être, les fleurs à quelques mètres de vous.★★★★

Vos yeux se remplissent de ces images et ce regard vers l'avant est un peu un regard vers le futur.★★★★

Un regard lucide.★

Clair.★

Simple et serein.★★★★

Vos yeux ont maintenant acquis une qualité, une acuité extraordinaires.

Vous pouvez voir très loin. Et vous regardez à présent l'horizon.★★★★★

Vous distinguez à l'horizon la cime des collines. Il y a des arbres sur ces cimes.★★★★

Les couleurs sont ensoleillées et plus vous regardez cet horizon, plus vous découvrez de détails.★★★

En focalisant, vous arrivez à pénétrer et à voir le plus petit détail dans le lointain.★★★★★★

Vous voyez loin. Très loin★★, comme vous n'avez jamais vu et d'une manière très claire.★★★★

C'est une vision lucide, très précise, loin, loin, très loin.★★★★★★

Et pendant que vous continuez à porter ce regard, vous voyez les oiseaux dans le ciel comme vous ne les aviez jamais vus.★ Certains se posent sur les arbres des collines au loin.

Peut-être que vous remarquez le chien qui court après les poules dans la ferme voisine, à bonne distance. Petits points mobiles dont vous n'entendez pas les voix.★★★

La lumière du jour commence à baisser et vous percevez les douces couleurs qui commencent à transformer le paysage, annonçant le coucher du soleil.★★★

Votre vue se transforme. Mais vous continuez à voir, ce n'est pas un souvenir alors que l'obscurité commence à s'installer progressivement, vous continuez à voir ce paysage proche, lointain, en plein changement.★★★★★

L'obscurité s'installe davantage.★★★

Elle est bientôt complète.★★★★★

L'obscurité est complète et pourtant vous continuez à voir dans une lumière de clair-obscur, presque lunaire.★★★★

Vos yeux vous permettent de voir les lumières au loin.★★★★

Les reflets, les scintillements de certains insectes qui traversent l'air comme un éclair.★★★★

Le ciel a une couleur d'un bleu très profond et vous voyez par moments passer des oiseaux de nuit.★★★

Vous les suivez. Vous entendez aussi leur bruit et le bruissement de leurs ailes.★★★

Votre regard se porte plus loin et vous distinguez les étoiles.★★★

Les plus grosses et les plus brillantes d'abord. Plus votre regard se porte vers le ciel, plus votre vue et votre regard portent loin.★★★★

Vous regardez maintenant à des distances infinies et votre propre vue vous permet de voir des étoiles infiniment petites.★★★★★★

Concentrez votre attention sur votre regard, intensément, intensément.★★★★

Vous avez une vision du cosmos.★★★★

Vous vous souviendrez de cette vision.★★★★

Je vous laisse quelques instants pour suivre et développer cette perception.★★★★★

Goûtez et appréciez toutes les sensations agréables dans votre corps alors que vous regardez le cosmos.

Je vous propose maintenant, tout en gardant les yeux fermés, de revenir ici et maintenant dans cette pièce.★★★★

Toujours les yeux fermés, portez votre regard mentalement sur vos mains tendues devant vous.★★★

Vous les contemplez et vous prenez conscience que si vous avez quelque chose à lire, cette lecture est facile. Peut-être que c'est le moment de vous donner à vous-même quelques messages positifs.★★

Chaque jour, je vois de mieux en mieux et je fais confiance à mes yeux.★★★★★

Quand vous le voulez, vous revenez à la tonicité, l'esprit clair, reposé, détendu, heureux de vivre et prêt à faire face à toutes les tâches qu'il vous reste à accomplir aujourd'hui.★★★

Quand vous en aurez envie et seulement quand vous en aurez envie, ouvrez les yeux.

LE MOUVEMENT ANACINÉTIQUE

NTP
OR   Stimuler des fonctions physiques et musculaires chez des personnes immobilisées, mais aussi développer par anticipation un mouvement à des fins d'entraînement.

⚹   L'évocation sensorielle génère des stimulations toniques au niveau corporel, qui favorisent le passage à l'acte.

Cet exercice va vous donner une démonstration de mouvements anacinétiques simples. Bien sûr, il peut être appliqué à des quantités d'autres mouvements et est fort utile pour les kinésithérapeutes sophrologues. Vous pouvez l'adapter aux sports que vous pratiquez. Des résultats étonnants ont été obtenus en ski olympique, en tennis, en golf. J'ai fait des expériences tout à fait remarquables dans le domaine du tir. Ce qui est important, c'est d'évoquer toutes les sensations qui sont liées à l'activité décrite, en visualisant le mouvement souhaité comme réussi.

Transportez-vous dans un paysage de montagne. Vous vous apprêtez à faire une petite excursion.★★★★
Laissez-vous apprécier la qualité de l'air.★
La pureté de la lumière.★
Entendez les sons.★★
Sentez les parfums.★
Les odeurs.★
Imaginez que vous êtes actuellement en train de lacer vos chaussures.
Vous sentez le contact du cuir et des lacets entre vos doigts, vous sentez votre pied dans la chaussure, avec de bonnes chaussettes de laine.★★★★
Plus vous tirez sur les lacets, plus vous sentez votre pied en contact avec la chaussure. Vous sentez aussi les muscles de votre dos qui se tendent quand vous tirez sur les lacets.★★★

Les articulations de vos doigts qui se contractent et la chair de vos doigts qui est serrée par les lacets.★

Tout cet ensemble de sensations vous donne la notion de vos limites corporelles.★★★

Maintenant que vous avez mis vos deux chaussures et qu'elles sont bien lacées, mesurez les sensations différentes ; peut-être le poids différent de ces chaussures par rapport à celles que vous portez quotidiennement.★★★ Quand vous levez le pied, sentez que certains muscles sont plus mobilisés que d'habitude.★★★★

Il y a devant vous un petit sentier, un endroit où l'herbe est particulièrement marquée dans l'alpage★★. Vous décidez de commencer votre promenade★★. A chaque pas, vous pouvez observer la démultiplication et l'articulation du mouvement de tout votre corps en partant de vos chevilles, de vos orteils.★★★

En montant dans vos jambes★★, avec les genoux qui restent flexibles★★★, souples et sur lesquels s'articule le reste du poids du corps★★. Puis vous montez jusqu'à vos hanches, l'endroit où vos fémurs entrent dans le bassin★★. Le reste de votre dos est souple et flexible. Cette souplesse va jusqu'à votre nuque.★★★★

Avec vos bras, vous vous aidez à marcher en faisant un mouvement comme les pistons de la locomotive.★★ Vous sentez, au niveau des articulations de vos épaules, la souplesse★★. Votre tête se tourne de gauche à droite et de haut en bas, afin de voir où vous allez et d'où vous venez★★. Prenez quelques instants pour répéter et mémoriser dans votre esprit toutes ces sensations.★★★★★

Cela fait maintenant un certain temps que vous marchez. Laissez-vous sentir la température de votre corps qui a augmenté, les sensations dans vos muscles qui sont maintenant échauffés.★★★★

Votre respiration s'est elle aussi modifiée★★. Le contact des vêtements sur votre peau est différent★★. Vous transpirez légèrement.★★

Toutes les sensations au niveau de vos os, transposez-les au niveau de vos muscles★★★. Sentez l'étirement et la contraction de chacun des muscles de votre corps en partant de vos pieds et en remontant jusqu'à votre tête★★★. C'est bien★. Vous pouvez répéter plusieurs fois le même mouvement ; là, il s'agit de la marche★★★★. Laissez-vous sentir toutes les sensations agréables dans votre corps★★. Le terrain monte maintenant un peu plus fort et vous avez à fournir un effort plus soutenu★★★. Convertissez toutes ces sensations de votre corps perçues au niveau de vos os, puis de vos muscles, transposez-les maintenant au niveau de votre peau★★★. Sentez cette peau qui se plie à certains endroits, qui se distend à d'autres, avec une souplesse et une aisance tout à fait extraordinaires.★★★★

Cette enveloppe est souple. C'est véritablement le costume sur mesure dont votre corps a besoin.★★★★★

Imaginez que vous transposez maintenant toutes ces sensations d'une manière interne, à votre système sanguin. Votre sang irrigue régulièrement les différents muscles des différents membres, ainsi que votre cerveau.★★

Votre cœur est sollicité★★. Goûtez toutes les sensations circulatoires que vous pouvez imaginer dans votre corps maintenant.★★★★★

Tout en continuant votre promenade, vous avez maintenant pris de l'altitude★★. Il fait très beau★. Laissez-vous goûter le plaisir de cette promenade. Il y a des arbres, des oiseaux. Peut-être au loin, vous voyez les neiges éternelles★★★★. Tout en continuant à marcher, sentez les organes internes de votre ventre et aussi tout le système glandulaire, imaginez comment ils participent à toutes ces sensations.★★★★★

Vous arrivez maintenant à un plateau où vous pouvez vous arrêter quelques instants pour reprendre votre souffle et méditer★★★. Prenez quelques instants pour vous projeter dans le futur, au moment où vous allez pouvoir mettre en pratique tous ces mouvements★★. Laissez-vous ressentir la joie de découvrir que votre pas est juste, que votre corps fonctionne bien★★★★★. Remerciez-vous vous-même d'avoir pris le temps de vous préparer pour faciliter cette mise en route★★. Je vous propose maintenant d'imaginer que vous revenez à votre point de départ et à chaque pas où vous descendez, vous récupérez l'énergie que vous avez déployée en montant★★★★. A chaque pas à la descente, vous vous tonifiez et vous récupérez l'énergie que vous aviez dépensée pour monter★★. Prenez votre temps pour ne pas descendre trop brutalement.★★★

Quand vous arriverez à votre point de départ, vous aurez

l'esprit clair, reposé, détendu, heureux ou heureuse de vivre, prêt à faire face à toutes les tâches qu'il vous reste à accomplir aujourd'hui et surtout, vous aurez l'assurance que lorsque vous vous mettrez à marcher dans une situation analogue, votre corps sera parfaitement disponible et entraîné pour vous suivre.

L'ARBRE

> → A tous.
> NST
> OR Accéder à des informations inconscientes.
> ⚲ L'arbre symbolise le lien entre la matière, représentée
> par la terre et ses racines et le monde spirituel,
> représenté par ses branches dans le ciel.
> ⚠ Il est indispensable que le sujet soit en thérapie, ait un
> lieu pour traiter ce qui pourrait émerger.

*Préparer le sujet en lui disant qu'il va faire un exercice
important pour lui, sans lui parler de la symbolique qu'il va
rencontrer.*
*L'inviter à se centrer, à être bien en contact avec lui-même
avant de commencer l'exercice.*
Après une induction assez longue.

Vous êtes dans une grande prairie.★★★
Légèrement en pente sur la gauche.★★★★
Il fait très beau.★★★
Vous vous sentez bien.★★
Tout à fait en confiance.★★
Prenez le temps d'apprécier la qualité de la lumière.★★
La pureté de l'air.★★
La température.★★
Il fait si beau et vous vous sentez si bien que vous décidez de
vous déshabiller.★★
Vous sentez la caresse du vent sur votre corps.★★★
Les rayons du soleil.★★★
Si cela est quelque chose de confortable pour vous, vous
pouvez vous imaginer complètement nu au milieu de cette
nature.★★★
Prenez le temps de vous promener dans cette prairie.★★
Sentez la fermeté du sol sous vos pieds.★★★★★
L'herbe fraîche.★★
Laissez-vous entendre les sons.★★

Un peu plus loin, devant vous, il y a des arbres.★★★

Alors que vous les regardez, un arbre attire plus particulièrement votre attention.★★★

Prenez conscience de sa forme.★

De sa taille, de son espèce.★★

C'est votre arbre.★★★

Vous avez un rendez-vous avec vous-même.★★★

Et vous avancez en direction de votre arbre.★★★

A chaque pas, vous sentez que c'est une rencontre importante.★★★

Vous êtes proche de cet arbre.★★

Il reste quelques pas.★★

Je vais compter pour vous les 3 derniers pas et vous allez sentir cette proximité: 3★ — 2★ — 1★.

Vous êtes tout près maintenant. Contact. Prenez-le dans vos bras.★★

Sentez le contact de son tronc.★★

Demandez-lui: « Qu'as-tu à me dire ? » Laissez-vous écouter sa réponse, tout simplement.★★★★★

« De quoi as-tu besoin ? » Laissez-vous écouter simplement sa réponse.★★★★★★

Vous vous souviendrez de ses réponses.★★

Si vous avez envie de donner à cet arbre ce dont il a besoin, faites-le maintenant.★★★★★★

Le temps va maintenant arriver où vous allez avoir à prendre congé de votre arbre.★★

Promettez-lui de revenir souvent. Si vous avez apprécié ce moment★★, dites-lui que vous prendrez soin de lui.★★★

Vous vous éloignez maintenant de votre arbre.★★

Plus loin, au bord de la prairie, il y a une forêt.★

Dirigez-vous vers cette forêt.★★

Vous entrez dans la forêt★ et vous appréciez le changement de lumière, la différence de température.★★

Prenez conscience du contact du sol sous vos pieds.★★★

Et alors que vous avancez dans la forêt, un arbre attire votre attention.★★★★

Observez sa forme, sa taille, son espèce.★★

Au pied de cet arbre, il y a votre père qui est assis. Il ne vous voit pas venir.★★★

Approchez-vous de son arbre.★★

Demandez-lui : « Qu'as-tu à me dire ? »*

Vous écoutez sa réponse, vous vous en souviendrez.*****

« De quoi as-tu besoin ? » Vous écoutez sa réponse et si vous le désirez, vous pouvez lui donner ce dont il a besoin.******

Vous vous souviendrez de ses réponses.**

Le moment est venu maintenant de prendre congé de cet arbre et vous reprenez votre chemin dans la forêt.***

Un peu plus loin, à l'écart il y a un arbre qui attire votre attention.**

Auprès de cet arbre, il y a votre mère qui est assise, adossée à son arbre.***

Prenez le temps d'observer sa taille, sa forme, son espèce.***

Approchez-vous de cet arbre. Vous êtes maintenant en contact avec cet arbre. Demandez-lui : « Qu'as-tu à me dire ?*****

De quoi as-tu besoin ? »***

Si vous le désirez, vous lui donnez ce dont il a besoin.***

Vous vous souviendrez de ses messages.**

Le temps est venu maintenant de prendre congé de cet arbre et de reprendre votre chemin dans la forêt.***

Un peu plus loin, il y a l'arbre de votre partenaire idéal.**

Prenez le temps de voir sa forme, sa taille, son espèce.***

Votre partenaire est assis — ou assise — au pied de cet arbre et ne vous voit pas venir. Vous vous approchez de l'arbre.**

Vous lui demandez : « Qu'as-tu à me dire ?*****

De quoi as-tu besoin ? »*****

Si vous le désirez, vous pouvez lui donner ce dont il a besoin.***

Vous vous souviendrez de ses messages.**

Le moment est maintenant venu de prendre congé de cet arbre. Et progressivement, vous revenez vers la prairie.***

Vous reprenez contact avec la lumière.**

Le contact de l'herbe sous vos pieds.**

Les rayons du soleil sur votre peau.***

Parmi les sons environnants, vous entendez le bruit de l'eau qui coule.****

Dirigez-vous vers ce bruit.***

Vous découvrez une source d'eau chaude.**

Mettez les pieds dans l'eau.★

Goûtez comme elle est douce et chaude.★★★

Vous décidez de la suivre.★★★★

Vous arrivez à une grande piscine naturelle, pleine d'eau très pure.★★★

Si vous en avez envie, laissez-vous glisser dedans.★★★

Sentez la caresse de cette eau chaude alors que vous y pénétrez progressivement.★★★

Prenez le temps de vous sentir en sécurité.★★★

C'est une eau très pure, très accueillante.★★

Elle glisse sur tout votre corps.★★★

Vous vous sentez parfaitement en confiance.★★

A tel point que, si vous le voulez, vous pouvez vous laisser reposer sur le fond.★★

Les yeux vers la surface et la lumière qui scintille.★★

Vous découvrez que cette eau est si accueillante que vous pouvez y respirer librement.★★★★★

Que vous pouvez aussi vous en nourrir.★★

Faites circuler cette eau dans tout votre corps.★★★

Par tous les orifices naturels et par tous les pores de votre peau.★★★★★

Laissez-la purifier.★

Effacer.★

Dissoudre toutes les peines, les humiliations.★★★

Panser les blessures.★★★★★★

Et doucement laissez-vous bercer, le temps n'a pas de mesure.★★★★

Vous êtes revenu à votre pureté originelle. Prenez le temps de goûter, d'apprécier toutes les sensations positives dans votre corps. Peut-être que c'est le moment pour vous donner à vous-même vos propres messages positifs.★★★ Le moment va bientôt arriver où il faudra sortir de cette eau. Laissez-vous remonter à la surface.★★★

Nagez jusqu'à la rive.★★★

En sortant, prenez conscience des parties de votre corps progressivement en contact avec l'air, en opposition avec les parties qui sont encore immergées.★★★

Allez vous étendre dans la prairie et laissez-vous sentir les rayons du soleil sur tout votre corps.★★★

Vous êtes en contact avec l'énergie du sol qui est en dessous de vous. L'énergie du soleil qui est au-dessus de vous.★★★ Prenez conscience de cette abondance d'énergie offerte. Et alors que vous avez conscience de la plante de vos pieds, du bout de vos doigts, du sommet de votre crâne, vous prenez conscience de votre unité.★★ Quand vous le voulez, et seulement quand vous en avez envie, vous revenez complètement à la tonicité en inspirant d'une manière tonique.

Quand vous ouvrirez les yeux tout à l'heure, votre esprit sera clair, reposé, détendu, heureux de vivre, et prêt à faire face à toutes les tâches qu'il vous reste à accomplir aujourd'hui. Tout à fait tonique.

LA BARQUE DANS LA GROTTE

> → Personne en thérapie.
>
> NST
> OR   Permettre de revivre symboliquement le processus de la naissance et les décisions qui y sont liées.
>
> ♂ Même si on a eu une naissance difficile, maintenant on peut utiliser cette expérience positivement.
>
> ⚠ Être très doux dans cet exercice, de manière à ne pas réactiver inutilement des douleurs qui ne seraient pas nécessaires dans le traitement.

Vous êtes en train de vous promener dans un couloir. C'est un lieu où il y a peu de lumière et beaucoup de sons. Comme si vous étiez dans un voyage au centre de la terre.*****

Vous vous sentez en sécurité et vous sentez que c'est là votre place.*** Et alors que vous marchez en entendant des bruits d'eau qui coule, des goutte à goutte.**

Vous arrivez sur un espace tout à fait particulier, comme une immense salle intérieure.*** C'est un lieu agréable pour s'installer. Et alors que vous distinguez plus nettement cet espace, vous découvrez un lac. Un lac d'une eau très pure, très bienveillante.** Sur le bord de ce lac, au centre de la terre, il y a une petite plage. Et sur cette plage, une barque.******

Descendez vers cette plage et installez-vous confortablement dans la barque.*****

La barque est encore attachée par une longue corde qui vous permet, pendant tout le temps que vous souhaitez, de vous promener sur ce lac.*****

De temps en temps, la barque touche les parois de cette grande salle et vous pouvez sentir ce que cela produit dans tout votre corps et particulièrement votre dos, depuis la base de votre coccyx jusqu'au sommet de votre crâne, vous sentez un contact tout à fait particulier.*****

Vous êtes en sécurité, la barque est attachée. Vous pouvez ainsi explorer les limites et la frontière de cette salle.*** Laissez-vous sentir toutes les sensations liées au phénomène d'être un objet flottant.***** Laissez remonter toutes les images, les impressions, les sensations qu'évoque cette expérience.********

La vie dans cette barque est tout à fait sûre.* Et en même temps, vous sentez qu'il faudra bien qu'elle cesse.****

Vous découvrez alors qu'à l'extrémité de ce lac, il y a un passage.**** Un passage vers lequel vous êtes attiré.** Laissez-vous porter et attirer vers ce passage. Vous flottez, vous êtes tout à fait en sécurité. Si ce passage est là, c'est qu'il a sa raison d'être.

Vous prenez conscience que la corde qui tenait la barque au rivage est probablement beaucoup plus longue que prévu. Et que vous pouvez vous engager dans ce passage, dans ce canal, il y a juste la place pour que vous passiez.****

Vous ne savez plus très bien si vous êtes la barque ou si la barque fait partie de vous-même.***

Mais vous êtes dans ce passage et votre corps effleure la paroi sur toute la surface de ce passage, il est juste à votre taille.** Vous avez vous-même à participer en modifiant les positions de votre corps pour trouver la position la plus confortable dans ce passage.** Les sons, les bruits augmentent et vous êtes pétri, massé, comprimé de toutes parts. Vous passez dans ce passage.***

Une sensation très stimulante.****

Vous prenez conscience que tout s'anime. Le passage lui-même est animé, la terre elle-même est animée. Toute la grotte qui est en amont est animée. Et vous commencez à entrevoir qu'au bout de ce passage il y a une sortie, un orifice.***

Laissez-vous prendre le temps de ressentir et de vivre dans votre corps cette expérience. Vous sentez maintenant qu'il y a une partie de votre corps qui n'est plus dans le passage, qui est à l'air libre. Faites la différence entre celle qui est encore comprimée et en contact et celle qui est à l'air libre.****

Les sons sont différents. La température change. Il y a maintenant de la lumière. Vous êtes arrivé sur une autre rive.*****

Laissez-vous sentir, revivre et imaginer toutes les sensations et toutes les décisions qui font partie de cet instant.******

S'il y a des décisions qui ne vous conviennent pas, maintenant, dans l'état de relaxation et de concentration dans lequel vous vous trouvez, vous pouvez prendre de nouvelles décisions concernant ce même instant et concernant la vie qui se trouve devant vous.******

Vous êtes maintenant dans votre paysage idéal, laissez-vous sentir toutes les sensations de ce paysage.**

La lumière.**

Les couleurs.**

Les sons.**

Les parfums.**

Les sensations physiques.**

Laissez-vous entrer en contact avec les sensations qui encore actuellement sont liées à l'expérience de la grotte et son aboutissement.******

Prenez conscience que le monde serait différent si vous n'étiez pas là.***

Je vous laisse quelques instants pour vous donner à vous-même vos propres messages positifs. Prendre le temps de vous remercier vous-même d'avoir pris du temps pour vous, d'avoir pris soin de vous. A votre rythme, quand vous le voudrez, vous pourrez revenir à la tonicité. Quand vous ouvrirez les yeux tout à l'heure, votre esprit sera clair, reposé, détendu, heureux de vivre, prêt à faire face à toutes les tâches qu'il vous reste à accomplir aujourd'hui, l'esprit tout à fait détendu.

LE DEUIL

NST
OR Faciliter la prise de contact avec les différentes étapes du deuil.

♂️ Quand on connaît le parcours à accomplir, on a moins peur pour le suivre.

⚠️ Ce type d'exercice ne doit pas intervenir trop tôt dans le processus de deuil car il pourrait l'interrompre. Il est particulièrement approprié pour les deuils qui ne sont pas terminés, plusieurs mois ou plusieurs années après la perte, lorsqu'il apparaît que la personne n'a pas pu se séparer.

Ce type d'exercice peut aussi être fait d'une manière préventive, à titre de développement personnel pour des personnes en parfaite santé qui veulent simplement se sensibiliser à ce processus, comme une manière de se préparer aux deuils éventuels qui pourraient arriver dans le futur.

Promenez-vous le long du rivage. Vous entendez le va-et-vient régulier de la mer.★★★★

Vous sentez cette odeur bien particulière qui flotte le long des rivages.★★★

Peut-être que sur vos lèvres vous retrouvez le goût du sel. Vous sentez la fermeté du sol sous vos pas, qui se modifie alors que vous avancez.★★

Vous voyez les couleurs d'un jour finissant.★★

C'était une très belle journée.★★

Elle se termine.★★

Même si vous tentiez de la retenir, le soleil se couche quand même.★★

A l'intérieur de vous-même, il y a une voix qui dit : il y aura une autre journée demain. Ça sera exactement la même.★

Mais vous savez que ce n'est pas vrai. Ce jour est bel et bien fini.★★★

Cela ne sert à rien de tenter de vous tromper, si ce n'est que cela vous empêche d'accepter que le jour est fini, qu'il ne sera plus jamais le même. Il y aura peut-être d'autres jours, d'autres soleils, mais ce jour-là est fini.* Prenez le temps de vous laisser sentir toutes les émotions qui sont liées à cette vérité. Et si pour une raison ou pour une autre cette vérité n'était pas supportable pour vous, vous pouvez décider de ne pas y faire face aujourd'hui.****

Trouvez un coin tranquille et sûr sur ce rivage pour regarder les derniers rayons du soleil illuminer la mer.***

Vous ressentez de la colère.**

Vous vous adressez au soleil : pourquoi te couches-tu ?** C'est injuste.**

Tu le fais peut-être exprès.***

Tu n'as peut-être pas compris que j'étais heureux de recevoir tes rayons.***

Pourquoi tu me fais ça à moi ?**

Je ne t'ai rien fait, moi.**

Laissez-vous sentir cette colère. Et alors que le soleil s'enfonce davantage à l'horizon, vous voyez passer un bateau qui s'éloigne droit devant vous et dans votre cœur, s'installe la tristesse qui dit combien vous avez aimé.**

Combien vous avez été attaché.***

Et combien est dur le moment de la séparation.***

Le bateau n'est plus qu'un petit point à l'horizon. Bientôt, il ne sera plus du tout visible. Peut-être que vous avez peur.** Peut-être que vous avez peur de vous retrouver tout seul, abandonné de tous et que la mouette qui passe, en poussant des cris déchirants, exprime bien ce désespoir et cette peur de vous retrouver isolé.*****

Le bateau n'est plus visible à l'horizon. Le soleil est presque couché.***

Des idées folles font renaître l'espoir, et des idées de tractation, de marchandage, de tout ce que vous auriez pu faire de différent pour que tout ça ne s'arrête pas.* C'est bon d'y croire quelques instants, même si vous savez que ce n'est qu'une illusion. La séparation ne se marchande pas.*** Au fond de votre cœur vous savez que si le bateau n'est plus visible à l'horizon, ça ne veut pas dire qu'il n'existe plus. Ça veut simplement dire que vous ne pouvez plus le voir. Il en est de même pour le soleil qui s'est couché, vous ne pouvez plus le voir. Pour cette journée, il a définitivement disparu. Même si vous le voyez une autre fois, ça ne sera plus pareil.****

Le moment est venu pour vous de profiter de cet instant d'obscurité, de vous laisser aller à un sommeil juste.★ Alors que vous sentez le sommeil qui approche, laissez-vous ressentir (si c'est possible pour vous) que cette journée a été bien accomplie : quoi que vous ayez fait, vous avez probablement fait de votre mieux. Et que le fait que le soleil se couche, est une bonne chose.★★★★★★

Finalement, ce qui vient est bien.★★★ Alors que vous vivez cette sensation tout à fait douce d'être dans le cours des choses et dans l'acceptation, laissez-vous imaginer ce que sera demain.★★★ Comment vous allez vous investir après cette journée bien remplie à laquelle vous venez de dire adieu.★★★★

Qu'allez-vous faire de différent pour tenir compte de cet acquis ?

Créer de nouveaux liens ?★★★★

Vivre l'instant présent avec encore plus d'intensité ?★★★★★★

Juste avant de vous endormir pour toute la nuit, laissez-vous recevoir dans votre regard, dans votre cœur, dans vos mains, le cadeau de ce jour accompli.★★★★★★

Cadeau que vous vous faites à vous-même pour avoir cheminé seconde après seconde, jour après jour, tout au cours de votre vie.

Quand vous déciderez de revenir à la tonicité tout à l'heure, votre esprit sera clair, reposé, détendu. Vous vous souviendrez des éléments importants que vous avez découverts et que vous avez vécus dans cet exercice et vous pourrez les utiliser dans la construction de votre vie.

LA DOULEUR

→   Personnes qui ressentent ponctuellement une douleur.
NST

OR   Permettre de trouver le lien et de faire des associations entre le symptôme et les causes métaphysiques de la douleur.

⚬   L'acceptation des éléments symboliques liés à la douleur, permet à celle-ci de disparaître.

⚠   Ne pas faire seul cet exercice qui ne remplace pas un traitement médical approprié.

Cet exercice ne comporte pas d'induction supplémentaire. Le thérapeute invite le sujet à s'installer en face de lui, soit debout bien ancré sur le sol, les pieds écartés de la largeur du bassin et bien à plat, sans chaussures, soit assis, le dos bien soutenu.

Regardez droit devant vous. Et prenez conscience de la position de votre corps dans l'espace.★★★

Vous prenez conscience de ce qui vous entoure et vous percevez très nettement votre ancrage au sol par la plante de vos pieds ou le poids de votre corps sur la chaise.★★★★

Prenez le temps de trouver votre équilibre et la position la plus confortable pour vous.★★★

Dès que vous avez fait cela, vous fermez les yeux consciemment.★

Volontairement, tirez le rideau sur vous-même.★★

Concentrez toute votre attention sur la partie de votre corps qui abrite la douleur.★★★

Dès que vous avez focalisé votre esprit, dites-le moi.★★★

Chaque parole va approfondir votre état de relaxation.

Entrez bien dans le contact avec la perception que vous avez de cette douleur.★★

Et dites-moi quelle est sa forme. *(Le thérapeute attend la réponse. Quand la réponse arrive, il en accuse réception.)* C'est bien.

Quel est son poids en kilos, en grammes, en tonnes? *(idem)*.

Quelle est sa consistance? *(Si le sujet ne répond pas, on peut l'aider un peu: est-ce dur? est-ce mou?) (idem)*.

Quelle est sa texture? *(idem)*.

Quelle est sa température? *(Si le sujet ne semble pas trouver, l'inviter à aller la toucher.)*★★

Mentalement, approchez-vous de cette douleur.★★★

Vous connaissez sa température, son poids, sa forme, sa consistance, sa texture; quel est son goût? *(Si le sujet hésite: est-ce sucré? salé amer ou autre?)*

Quelle est sa couleur?

Quels sons fait-elle *(Éventuellement, allez l'écouter.)*

Quelle est son odeur?

Quelle est sa taille en millimètres, en centimètres, en mètres, en kilomètres?

Maintenant que vous avez bien défini les perceptions que vous avez de cette douleur, est-ce que vous êtes prêt à ce qu'elle s'en aille? *(La réponse est souvent oui, pas toujours!)*

Par où va-t-elle vous quitter?★★★

Par où va-t-elle sortir?★★★

Voyez comment et par où elle va sortir. *(La personne indique par quelle partie de son corps elle va sortir.)*

Quand elle sera prête à sortir, dans quelle direction va-t-elle aller?★★

Devant vous? Vers le haut? Vers le bas? Derrière vous?★★★

Va-t-elle descendre dans le sol ou monter dans le ciel? *(Le sujet donne une réponse précise.)* C'est très bien, vous savez maintenant par où elle va s'échapper et ce qui va en advenir. Vous la voyez qui bouge maintenant et qui est bien présente dans votre esprit. Elle commence à bouger, elle s'apprête à sortir. Prévenez-moi dès que vous la voyez qui commence à sortir. *(Attendre la réponse.)*

Elle sort de votre corps.★★

Elle sort, elle est bientôt complètement sortie.★★★

Je vais compter de 1 à 3 et à 3, elle sera hors de votre corps. Vous pourrez la voir à l'extérieur de vous-même. 1.★.2.★.3. Elle est sortie de vous-même, vous la voyez maintenant très précisément, dans quelle direction va-t-elle? Où va-t-elle?★★★

Part-elle vers le ciel? Vers le sol? Derrière vous? Devant vous?

(Pour faciliter la conclusion de cet exercice, nous imaginons des réponses que le sujet pourrait donner, à titre d'exemple.) Le sujet indique qu'elle est sortie devant lui et qu'elle part à l'horizontale.

Thérapeute : Prévenez-moi dès qu'elle aura atteint le mur en face de vous.

Sujet : Ça y est.

Th. : Bien. Elle traverse le mur maintenant. Vous la voyez passer au travers du mur et vous me prévenez dès qu'elle est complètement absorbée et passée à travers le mur.

S. : Ça y est.

Th. : Où va-t-elle maintenant ?

S. : Elle est maintenant suspendue dans l'air, au-dessus de la rue.

Th. : Concentrez-vous bien sur elle, regardez-la très précisément et dites-moi quand elle aura complètement traversé la rue.

S. : Elle a traversé la rue, elle est maintenant vers le ciel.

Th. : C'est bien. Concentrez toute votre attention sur elle. Vous la voyez qui s'éloigne. Elle s'éloigne de plus en plus ; dites-moi quand elle ne sera plus qu'un tout petit point à l'horizon.

S. : Je la vois très très loin à l'horizon, il y a des moments où elle disparaît et elle revient.

Th. : Continuez à vous concentrer. Soyez très attentif. Elle devient de plus en plus petite, de plus en plus petite et vous continuez à la voir.

S. : Mais c'est difficile, il y a des nuages.

Th. : Elle est très loin maintenant. Très très loin de vous. Elle a presque totalement disparu.★★★

Vous n'arrivez plus à la voir. Mais concentrez-vous encore et vérifiez qu'il ne reste plus ce minuscule petit point à l'horizon.

S. : Ça y est, je ne la vois plus du tout maintenant.

Th. : Vérifiez bien qu'elle a complètement disparu, que vous ne pouvez plus la voir.★★

Elle n'a plus rien à faire avec vous. Elle est totalement partie.★

Totalement partie. Vous vérifiez une dernière fois et vous

constatez qu'elle n'est plus là. Transportez-vous maintenant dans votre paysage idéal. Il fait très beau et c'est un moment de bien-être. Laissez-vous sentir toutes les sensations agréables liées à ce moment.***

Remerciez-vous vous-même d'avoir pris du temps pour vous.***

Dans quelques instants vous allez ouvrir les yeux, votre esprit sera clair, reposé, détendu, heureux de vivre et prêt à faire face à toutes les tâches qu'il vous reste à accomplir aujourd'hui.**

(Le thérapeute, d'une voix tonique) : Ouvrez les yeux !

> Généralement, la douleur a totalement disparu. Ceci est dû au fait qu'en acceptant de percevoir cette douleur à travers les différents modes de son système de perception, la personne accepte de lâcher prise plutôt que de résister à la douleur. Comme au judo, le « lâcher-prise » permet une libération de l'énergie alors que la résistance additionne les énergies.
> Une analyse du vécu de cet exercice dans le cadre du travail de thérapie permet d'élaborer un matériel très riche.

Les sources

L'élaboration de ce livre s'est faite à partir de différents apports. Chaque fois que cela était possible, nous avons cité les références des ouvrages ou des écrits qui nous ont inspiré, mais certains auteurs n'ont pas encore publié leurs travaux, développés au cours de séminaires.

Nous nous proposons donc de mentionner ici nos principales influences ; qu'elles trouvent ici la reconnaissance de leur disciple et celle de la paternité de leurs théories.

CARL ET STÉPHANIE SIMONTON

Ils ont développé les procédures d'intervention avec les patients atteints de maladies dégénératives. La pratique du dessin qui consiste à faire dessiner très régulièrement au sujet sa maladie et son traitement, puis à utiliser ces dessins dans l'analyse de la relation malade/maladie/traitement est la conséquence de leurs travaux, ainsi que l'élaboration du profil psychologique du cancéreux, établie avec L. Le Shan, étape indispensable permettant au malade de redécider et de changer.

MARGE REDDINGTON

Elle a développé le concept de symbolisation et s'est particulièrement intéressée à l'analyse de la symbolique des dessins. Malheureusement, elle n'a rien publié et ne souhaite pas que le contenu de son enseignement soit rendu public.

MILTON H. ERICKSON

Maître de l'hypnose clinique, il nous a particulièrement inspiré dans l'utilisation de la métaphore et des processus de suggestion à l'état de veille. De très nombreux livres en langue anglaise ont été publiés sur son travail.

VINCENT M. LENHARDT

Il a mis en pratique et théorisé les approches de bio-énergie et le concept de bio-scénario qui permettent de faire la lecture de l'histoire d'une personne, au travers des tensions corporelles. Il a conceptualisé les notions d'impasse psycho-spirituelle et les causes spirituelles de la maladie.

GEORGE KOHLRIESER

Il a conceptualisé la théorie de l'attachement et ses implications dans les domaines du stress, des dépendances (alcool, tabac, sexualité, etc.) Il a mis en pratique les théories de Jacqui Lee Schiff[1] sur le parentage et le reparentage.

JEAN LERÈDE

Auteur de recherches très approfondies sur la suggestion et la suggestologie.

SÉMINAIRES UTILISANT DES EXERCICES DE VISUALISATION

— Séminaires d'Activation Mentale, association Anthropos, Paris.
— Séminaires organisés par le Cancer Councelling Research Center, Little Rock, États-Unis.
— Rita Davenport Seminars, États-Unis.
— Séminaires E.S.T., États-Unis.
— Hoffman Quadranity Process Seminars, San Francisco, États-Unis.
— Séminaires « Visualisation et dynamique du succès » et « Abondance, plénitude et richesse » de François J. Paul-Cavallier, Paris.

— Séminaires de Relaxation Dynamique de J.-P. Hubert, Paris.
— Brenda Schaeffer Seminars, États-Unis.
— Silva Mind Control (Méthode Silva), Paris.

NOTE BIBLIOGRAPHIQUE

1. Jacqui Lee Schiff, *Ils sont devenus mes enfants*, InterEditions, Paris, 1985.

Bibliographie générale

Lucien Auger. *L'amour, de l'exigence à la préférence*, éditions de l'Homme, Montréal, 1979.

Charles Baudouin. *L'âme enfantine et la psychanalyse*, Delachaux et Niestlé, Lausanne, 1969.

— *Qu'est-ce que la suggestion?*, Le Hameau, Paris, 1982.

Hippolyte Bernheim. *De la suggestion*, Retz, Paris, 1975.

Joan Borysenko. *Penser le corps, panser l'esprit*, InterEditions, Paris, 1988.

Gerda Boyesen. *Entre psychè et soma: introduction à la psychologie biodynamique*, Payot, Paris, 1987.

Daniel-Ange. *Baume est ton nom*, éditions Saint-Paul, Paris, 1984.

Milton H. Erickson. *Ma voix t'accompagnera*, Hommes et groupes, Paris, 1986.

Marilyn Ferguson. *Les enfants du Verseau: pour un nouveau paradigme*, Calmann-Lévy, Paris, 1981.

Isabelle Filliozat et Hélène Honorat. *Le Corps messager*, IFAT, Paris, 1984.

Jean-Michel Fourcade et Vincent Lenhardt. *Analyse Transactionnelle et bio-énergie*, J.-P. Delarge, 1981.

Victor Frankl. *Le dieu inconscient*, Le Centurion, Paris, 1974.

— *Découvrir un sens à sa vie*, Editions de l'Homme, Montréal, 1988.

G. Godefroy, *La Dynamique Mentale*, Robert Laffont, Paris, 1976.

Jean Guir. *Psychosomatique et cancer*, Point hors ligne, Paris, 1983.

Jay Haley. *Un thérapeute hors du commun: Milton H. Erickson*, EPI, Paris, 1985.

Eugen Herrigel. *Le Zen dans l'art chevaleresque du tir à l'arc*, Dervy livres, Paris, 1978.

Dennis Jaffe. *La guérison est en soi*, Robert Laffont, Paris, 1981.

Elisabeth Kübler-Ross. *Les derniers instants de la vie*, Labor et Fides, Genève, 1975.

Ron Kurtz et Hector Prestera. *Ce que le corps révèle*, Le Hameau, Paris, 1983.

Genie Laborde. *Influencer avec intégrité. La programmation neurolinguistique dans l'entreprise*, InterEditions, Paris, 1987.

Vincent Lenhardt. *Analyse Transactionnelle et perspectives spirituelles*, Retz, Paris, 1980.

Jean Lerède. *Qu'est-ce que la suggestologie*, Privat, Toulouse, 1980.

— *Suggérer pour apprendre*, Presses de l'Université de Québec, 1980.

— *Les troupeaux de l'aurore*, éditions de Montagner, Québec.

— *La suggestopédie*, Presses Universitaires de France, Paris, 1983.

Gérard Leroy. *Dieu est un droit de l'homme*, Le Cerf, Paris, 1988.

Lawrence Le Shan. *Vous pouvez lutter pour votre vie*, Robert Laffont, Paris, 1982.

Alexander Lowen. *Gagner à en mourir: une civilisation narcissique*, Hommes et groupes, Paris, 1987.

James Lynch. *Le Cœur et son langage*, InterEditions, Paris, 1987.

Jacques-Antoine Malarewicz et Jean Godin. *Milton H. Erickson: de l'hypnose clinique à la psychothérapie stratégique*, ESF, Paris, 1986.

Edmond Marc. *Le processus de changement en thérapie*, Retz, Paris, 1987.

Bernard Martino. *Le bébé est une personne*, Balland, Paris, 1987.

Steven Mizel et Peter Jaret. *Notre corps se défend: le système immunitaire de l'homme et les nouvelles frontières de la médecine*, Payot, Paris, 1986.

Ashley Montagu. *La peau et le toucher: un premier langage*, Le Seuil, Paris, 1979.

Marc Oberlé. *L'instinct de l'autre: un psychothérapeute*. Le Hameau, Paris, 1985.

Michel Odent. *La santé primale: comment se construit et se cultive la santé*, Payot, Paris, 1986.

Robert Ornstein, Richard Thompson et David Macaulay. *L'incroyable aventure du cerveau*, InterEditions, Paris, 1987.

Scott Peck. *Le chemin le moins fréquenté : apprendre à vivre avec la vie.* Robert Laffont, Paris, 1987.

Fritz Perls. *Ma Gestalt thérapie,* Tchou, Paris, 1976.

Marie-Louise Pierson. *Le guide des psychothérapies,* MA éditions, Paris, 1988.

G. Rager, *Hypnose, sophrologie et médecine,* Fayard, Paris, 1973.

Robert Rosenthal et Lénore Jacobson, *Pygmalion à l'école,* Casterman, Paris, 1971.

José Silva. *La méthode Silva,* Le Hameau, Paris, 1986.

Carl et Stéphanie Simonton, James Creighton. *Guérir envers et contre tout : le guide quotidien du malade et de ses proches pour surmonter le cancer,* EPI, Paris, 1982.

Stéphanie Simonton. *La famille, son malade et le cancer : coopérer pour vivre et guérir,* EPI, Paris, 1984.

John Syer et Christopher Connolly. *Le mental pour gagner,* Robert Laffont, Paris, 1988.

Pierre Teilhard de Chardin, *La Place de l'homme dans la nature,* Albin Michel, Paris, 1981.

Jean-Marie Vergnaud et Patrice Blin. *L'Analyse Transactionnelle, outil d'évolution personnelle et professionnelle,* éditions d'Organisation, Paris, 1987.

Thomas Verny et John Kelly. *La vie secrète de l'enfant avant sa naissance,* Grasset, Paris, 1982.

Achevé d'imprimer sur les presses de
l'Imprimerie des Sources
42, rue des Sources 95200 Sarcelles
Tél. (1) 39 90 01 98
Avril 1989
Dépôt legal 193
Imprimé en France